U0098259

思想觀念的帶動者

文化現象的觀察者

本土經驗的整理者

生命故事的關懷者

{ PsychoAlchemy }

啟程，踏上屬於自己的英雄之旅
外在風景的迷離，內在視野的印記
回眸之間，哲學與心理學迎面碰撞
一次自我與心靈的深層交鋒

Four Pillars of
Jungian Psychoanalysis

榮格心理分析的四大基石
個體化、分析關係、夢和積極想像

莫瑞・史丹（Murray Stein）——著

王浩威——譯

｜推薦序一｜ **走上靈魂滋長之路**／魏宏晉 ———— 6

｜推薦序二｜ **俯視榮格心靈疆域的鷹架**／鐘穎 ——— 10

中譯本前言 ———————————————— 15

導論 ———————————————————— 18

｜基 石 一｜ **個體化歷程** ——————————— 21

｜基 石 二｜ **分析的關係** ——————————— 51

｜基 石 三｜ **夢是通往圓滿的途徑** ————— 85

｜基 石 四｜ **積極想像是轉化的媒介** ——— 117

｜附　　錄｜ **參考文獻** ————————— 155

走上靈魂滋長之路：個體化、
移情／反移情、夢和積極想像

魏宏晉

實踐大學家庭研究與兒童發展學系兼任助理教授

　　既然榮格定義了深度心理學的重點在於「治療靈魂」，貫串莫瑞・史丹所提出的榮格心理學治療的四大基石說，包括個體化、移情／反移情、夢和積極想像等的核心要義討論，自然得落在靈魂的定義與運行的道理上了。

　　靈魂是什麼？從神祕主義、哲學，一直到科學，可以有心靈、精神，以至於意識等說法，甚至彼此混用、各自定義。就分析心理學而言，靈魂自非唯物科學主義主張的單純物理化學運作的意識現象，而應是無意識運作與意識理性自我交互作用的總和。因此，其內涵就得跳脫心物二元論，而回到古典亞里斯多德的「四因說」是個很好的選擇。靈魂是人的形式因，質料因則是靈魂加上身體。因為有靈魂發起作為的動力因，人有朝善發展的目的因，使人和其他動物有別，從生物性的存有，

轉化到倫理性存有，也是奠立社群主義倫理學的根本要義。「人之異於禽獸者幾希」，其分別無非靈魂而已。所以，靈與肉所共同組合而成的人，生命質料比動物多了靈魂，人的生命是特殊的，在靈魂驅動下，為成就一個善的宇宙目的前進，這便是榮格在建構他的心理學時所抱持「生命論」與「目的論」的古典根據，個體化理論架構之底蘊。

人的靈魂並非孤獨自存的，根據柏拉圖的說法，人類共享「世界靈魂」（anima mundi），個別靈魂從而誕生。這不是說人與人之間不具「差別」，反而，因為世界靈魂裡具「存有」（Being）、「異」（the Different）與「同」（the Same）等三大本質，它以不同比例而被分割與連結，經過不斷混同與編織後，還是圍繞著自身旋轉，處在和諧運動結構裡，所以無論何時接觸到任何分散成部分的或是不可分割的事物時，靈魂還是會在其自身整體中運行著。因此，所有人類個別靈魂具有「異」的個體性，目的可能不同，但也還會因其「同」，得以共感溝通。當深度心理治療的合作關係建立後，治療師與被治療個案透過投射的移情／反移情，「心領神會」，一起成長，讓靈魂的目的更加清楚明晰。移情／反移情得以發生，與我們靈魂存有存在著異與同的本質同在脫不了關係。

就夢而言，當無意識的意圖隱藏在心靈深處，靈魂的目的難以被理解之際，透過解析身心反應的象徵意圖解謎，似乎是必然的途徑。榮格曾指出，「夢是扇幽藏於靈魂最深底祕密暗處的窄門。」在精神分析的治療版圖中，夢的分析佔據重要地位。人處在睡夢當中，意識放鬆警戒，出現裂口，夢境浮現，可能就帶有無意識的蘊涵，自是聆聽靈魂訴說之話語的絕佳契機。

至於積極想像，榮格將它當作「分析性的心理療法」，意味其諸多的創造性形式，說學逗唱、琴棋書畫、歌舞吟詠等，都可以運用到治療上。這當中，除了主動創造的意象，還有以詮釋夢境的方法分析積極想像的象徵；甚至將積極想像與分析過程中可能突現或者迸發的移情表現連繫在一起，表明積極想像的範圍廣大，工作進行方式還可包含運用移情的動力，從「一人心理學」拓展到「二人心理學」，樣態十分豐富。施行積極想像幾乎可說是在面質靈魂，等於在為一種全面的心理治療分析方法確立根基。

榮格一生戮力於修築靈魂治療之道，其第四代傳人史丹博士以自身豐厚的榮格心理學派治療經驗，歸納出該學派治療的基礎在於個體化、移情／反移情、夢和積極想像等四大要點，

　　　　　　　　　　　　榮格心理分析的四大基石

此說已為治療理論與實務界所廣泛認同。本文不揣鄙陋，對貫通四大基石說當中的靈魂的哲學意義以及運作理論脈絡稍作梳理，希望有助行者揹起走上靈魂滋長之路的行囊，開始邁步前進。

俯視榮格心靈疆域的鷹架：走向內在工作的四大基石

鐘穎

心理學作家、愛智者書窩版主

　　如果用一句話形容榮格心理學的目的，那會是什麼？我的答案是：內在工作。

　　榮格學派的內在工作有哪些特徵，足以區別它與其他學派的不同？答案就在這本書裡：個體化、治療關係、夢與積極想像。

　　資深的讀者相信已經很熟悉莫瑞·史丹的寫作方式了。他用簡短的四個章節架構起了整個榮格式分析的基礎，不僅周到全面，而且立論深刻。而對新進的讀者來說，作者肯定會讓你覺得他像個循循善誘的智慧老人（wise old man），懇切而平易近人。

　　先幫你做個簡單的摘要：個體化首先提供了我們適切的成長地圖，治療關係提供了轉化得以發生的神聖空間，夢分析與

積極想像則是我們進一步走入內在的方法。

然而我們必須承認的是，在這四大基石中，治療關係與夢並不能算是榮格的獨創，當中有許多內涵是由榮格分析心理學與精神分析所共享，但榮格派分析師思考的角度顯然不一樣。

比起過去，榮格心理學更看重未來，這種未來性的（prospective）或者目的論的（teleological）觀點，是榮格心理學得以和精神分析有所區分的原因，因為他認為無意識、病症以及個體化都帶有這樣的特徵。這樣的特徵則讓榮格心理學染上了宗教的色彩，因為自性（self）帶有一種先驗的特質，會引導我們往某種更大的目標前進。

雖然此一論點遭受某些批評，但我卻認為，這正是榮格心理學最吸引人的地方。榮格心理學的獨特之處，正在於他用心理學的語言重塑了古代的神話，並肯定了我們的宗教需求。我們的生命本身就帶著目的。這對遭受無意義與破碎感侵襲的現代人來說，無異是一種救贖。那內在於我們，同時又超越了我們的意象是永生的。榮格曾如此斷言。正因為我們的心靈內部有可以使人類彼此相連的海床，我們才共享同一種喜怒哀樂，共享類似的成長與失落，進而使我們可以更勇敢地面對孤獨。

真正讓榮格派獨樹一格的技術或許非積極想像莫屬。積

極想像常被形容為「醒著做夢」，但運用手法非只一途。捏黏土、寫作、繪畫、以及各種藝術媒材的運用都有機會包含在內，方式相當多元。但這並不是指藝術治療就是積極想像。事實上，積極想像還包含了榮格派的寬厚哲學，那就是「等待」，亦即等待無意識意象的自然湧現，不去對它做干擾；其次則是作者所言，一旦意象動了，就跟著它，和它保持接觸。

相較於東方式的冥想可能會要我們跟著呼吸數息，將腦海中升起的意象視為沒有本質存在的「空」，榮格學派則要我們認真地看待這些活潑的意象。不論你更偏好採用哪一種方式和自己親近，尋求合格專業人員的指導都是必要的。我自己在閱讀《紅書》時頗受榮格本人生動的內在世界所震撼，相信許多讀者也曾對廣大的無意識好奇過。然而我們能進入無意識多深，取決於我們的意識自我有多強固，否則就不能稱為「接觸」，而留給自我的，只是受原型佔據或是被吞沒而已。

《西藏度亡經》這本宗教的亡靈書就富含這樣的意義，因為身體是我們身分認同的核心，所以當肉身開始出現死亡的徵象（四大元素的消散）時，人的意識自我也會跟著失去憑依，從而墜入無意識中，與各種情緒經驗（亦即原型）相遇。

那經驗有溫和良善的，也有恐怖和令人厭惡的，這在經

典中以各種顏色的光以及地獄的幻象來表示。我們若是起了貪嗔之心，就會被「瞬間的境相……拋向強猛的或苦或樂之境，就如同發砲機一般。」因此經典要我們回憶起生前所供養的三寶，其目的或許就是使人能依托於比自己更偉大的事物，從而安然度過這些原型經驗的現身與襲擊。

該書作者蓮花生大士細緻描繪了死亡到重生過程中的三階段中陰，從象徵的角度而言，書中的許多方面都呼應了榮格學派對集體無意識及原型的說法。此處我不擬討論死後世界是否存在及中陰歷程是否為真，而是邀請你一起思考，榮格心理學與宗教經典之間可能的交會之處。

我的目的是讓你明白，原來我們曾視為迷信的內容，或許有著無意識心理學的基礎。這些隱藏在傳統經典中的心靈寶藏能因榮格學派的語言再次為人所肯定及理解，這便是榮格留給我們的遺產之一。這本描寫榮格心理學四大基石的書，因此成為新舊讀者必讀的經典作品！

市面上關於榮格的相關著作有逐漸增加的趨勢，遍及藝術治療、創傷研究、故事分析、解夢實務等不同領域。但截至目前為止能提綱挈領，以簡明文字為我們層層深入榮格心理學要義的書可謂絕無僅有，能把學術著作寫得如此親切有味，作者

的學養與譯者的用心都讓我們欽佩。

　　但真正重要的，還是榮格曾在《紅書》裡頭說的這段話：「我們必須時常進入自己，來重建與自我的關連。」榮格心理學是教導我們走向內在工作的心理學，而這本書就是協助我們登向高處，俯視榮格心理學疆域的那座鷹架。我相信每個翻開本書的你都會在讀過內容之後，感到深深的幸運。

中譯本前言

　　在我們所處的這個迅速碎片化的世界，對於維護心理健康的專業人士和其他以照顧人類靈魂為使命的人而言，翻譯這樣一本書，對他們的共同目標是異常重要的。隨著國家和文化之間的鴻溝令人恐慌地加深和擴大，文本的翻譯往往就像一座橋梁，將世界各地不同的人聯繫起來，共同奮鬥。熟稔的翻譯技巧可以促進對話的藝術。我這些關於榮格心理分析實務工作的介紹，現在能夠翻譯成中文，對我們文化之間的對話有一定的貢獻，而這對我們之間聯繫的強化是十分必要的。

　　就榮格心理分析而言，本書一方面可以說是相當基礎和初步，但另一方面這也是在榮格心理分析領域裡多年經驗的成果。在過去五十年左右的時間裡，我與這一領域和相關心理治療流派的其他專業同行，進行了無數次的對話，在國內和國際上主導了許多研討會，發表了無數次的演講，並且就這一主題撰寫了大量的文章，還編輯了數本與此實務有關的論文集，都是由該領域的領導者所撰寫的。我從眾多經驗、對話和書寫當

中提煉精華，得出這樣的結論，也就是在本書簡短的描述中，我所認為的榮格心理分析的四大基石。這四大基石使得榮格取向的心理治療有別於其他所有的心理治療，但同時與其他流派還是有許多共同特點。心理治療是靈魂關懷的一種現代形式，而榮格心理分析就是現代心理治療的一種形式。

現今已有成千上萬名榮格心理分析學家散布在世界各地，這個領域現在可以說是第五代，並迅速發展到第六代。我認為自己是第四代，我的分析師是與第二代分析師一起工作，而第二代分析師又都是與榮格本人一起工作。曾和我一起工作並完成培訓，且現在成為合格分析師的學生和被分析者，可以算作第五代，而他們的學生正在形成第六代。榮格心理分析的理論基礎是分析心理學，2023 年將迎來它的 110 歲生日。從榮格在蘇黎世創立這一傳統以來，正如我將在本書中主張的那樣，這部作品所概述的四大基石一直存在於分析的實務工作中，隨著時間的推移，其強度和顯而易見的中心地位還是不斷增加，不過在榮格本人當年與患者進行臨床工作時，從他那獨特方式的一開始，這些基礎就隱含其中。

這部作品現在能翻譯成中文我感到振奮，希望透過本書，能將榮格心理分析的方法介紹給感興趣的新一代。

莫瑞・史丹（Murray Stein）

於瑞士戈迪韋爾鎮圖恩湖

2022 年五月

導論

榮格心理分析是心理治療的一種。現今有很多心理治療的方法可以提供給尋求心理幫助的人，人們往往想知道它們之間的區別，以及這些區別對於臨床治療來說是否真的很重要。成效研究通常顯示，治療師本身的品質比其使用的理論更重要。然而，人們依然是好奇的，我自己則相信理論確實會造成影響，因為無論案主是否意識到這一點，理論的確指引著治療師的工作。

而我正是為了回答這個問題，才開始寫起這四篇關於榮格心理分析的文章。我所要解決的問題是：是什麼讓榮格派的方法有其特性，而與其他方法不同？對於這個問題，我思考了許久，與我的領域和其他學派的同行進行討論，再加上多年來廣泛閱讀的許多心理治療的文獻。我把這個回答歸納為四個基本特徵，結合起來就是榮格方法的核心，使得榮格方法與其他心理治療的方法有所區分。這四個特徵就是我所說的榮格心理分析的四大基石。我將在下面的章節中一一闡述，但在此我先提

供簡短的概述，讓讀者有初步的觀念。

第一個基石是對心理發展的看法。在榮格學派裡，這稱為個體化（individuation）。個體化這個概念提供了追蹤我們終生發展過程的地圖。而第二個區別的特點，則是理解治療關係的特有方式。對於這一點，我們通常使用移情和反移情這兩個術語。這些術語源自精神分析詞彙，是榮格還是精神分析的學徒期間，與佛洛伊德一起構建的；然而，榮格學派有一些與佛洛伊德學派或其他觀點明顯不同的思考方式。對榮格學派而言，這種關係意味著分析師和案主之間有著更深、更複雜的聯繫，而不是一般所說的治療關係而已。這個主題構成了第二個基石。 3

區辨榮格學派的第三個主要特徵是：我們與案主的夢進行深入的合作。夢不僅在分析中受到歡迎，而且被積極地尋求和利用，做為通往無意識的大門。在榮格學派心理分析中，夢被視為在分析過程中向前推進的關鍵。我們如何思考夢，如何詮釋它們，如何與它們一起工作，是第三個基石的重點。

第四個基石是積極想像（active imagination），這是榮格學派心理分析所特有的。這種方法是一種企圖直接參與無意識過程的方法。積極想像與夢工作相關，但也有明顯的不同，在

榮格心理治療的範圍內用於特定目的。

　　正是這四種要素的結合，使榮格學派的心理分析有別於其他形式的心理治療。而訓練有素的榮格心理分析學家將會熟悉這四個基石，並且適時運用於個別的案主身上。每一個分析都是獨一無二的，分析沒有可以依樣畫葫蘆的配方，但這本書所談的，是可以使用的方法。

個體化歷程

5　　　　榮格學派心理分析師訓練的過程，會強調在與患者的臨床工作中，要避免使用所謂的「技術」或「配方」。他們的老師鼓勵他們，要以新鮮與開放的心態進行每一次的治療；而客戶任何意識和無意識的材料，不管以什麼樣的樣貌和形式出現，都是受到歡迎的，而且是在互動的、充滿動力的過程中，彼此面對面地進行工作。「當我們進入諮商室時，先將我們的理論和技術留在門外！」這是大師的建議。榮格分析師通常不會坐在他們的案主後面，也不會在會談中沉默不語。他們往往是可以被運用、可以接近的；他們個人的個性會在那裡展示開來。

6　　但是，分析師也不得不承認，他有自己的臨床觀點，而且在心中是相當堅定不移的。在分析師的腦海裡，有個指導系統在運作，這是由心理發展的路線圖衍生出來的；而這樣的終生歷程就是所謂的**個體化**。

　　　　分析師的腦海深處，往往是根據個體化而做出評估和判斷（診斷），只是他們可能從不曾對患者提到這個觀點。個體化理論闡述了發展的程序，而榮格認為這程序是跨文化的，是放諸四海皆準的規範，也確實很少有例外的情況。榮格認為個體化是一種原型，這意味著個體化是普遍適用於我們所知道的每一個人。個體化的地圖告訴我們將會成為什麼樣的人格，並

且在我們一生的過程中，讓我們知道各個不同的發展階段。個體化也會告訴我們，對一個人人格發展的潛力，究竟可以有多大的期待。對某一案主目前所達到的個體化程度，分析師如果想要進行動態的評估時，他會不斷地問：「這個人在個體化的路途上目前是位於什麼階段，而下一步又會是什麼？」對於這一點，時間上的年齡是重要的考慮因素。如果一個人是四十五歲，我們對於這個人正常來說的心理發展位置會有一定的期望；如果這個人是二十一歲，這些期望又不同了。如果這個人是七十五歲，那又完全不一樣。

　　在這一章中，我想說明一下這個路線圖的樣貌，並且談談榮格學派分析師在評估他們面前的這個人的心理發展水平時，腦海中究竟是怎樣的運作情形。

　　心理學界一般認為，榮格是第一個提出人完整一生相關心理的理論學家。這意指對心理發展歷程的思考是貫穿整個生命過程。榮格把這樣的發展歷程命名為**個體化**。個體化背後的基本理念很簡單。在我們的一生中，我們將會成為自己從一開始就可能會成為的樣子。換句話說，個體化是潛在自性（self）的實現過程，自性從在母親子宮裡就開始這樣的存在，直到死亡才結束，不論是幾歲死亡。這個完全成為我們先天自性

（innate self）的過程需要一定的時間，並且透過幾個階段來進行。

這個觀念是，我們來到這個世界的時候，是一個還沒有發展的自性，需要時間來揭顯出自己獨特的個體人格。這觀念有時稱為心理發展的橡實理論（acorn theory）。橡實是橡樹的種子，如果將它放到泥土裡，給它時間和水分，經過幾年它將會長成一棵樹。這棵宏偉的橡樹最終會發育完全，有高聳的巨大樹枝伸展向天堂，有深邃的龐雜根鬚深扎入大地。橡樹的整體意象是個體化歷程已經完成的畫面。這麼龐大的一株樹全容涵在一顆小小種子裡，潛藏其中；但如果將橡實切開，我們不會看到未來巨樹的任何縮小版本。我們只能找到胚芽，也就是遺傳物質，時間到了就會賦予這棵樹自己獨特的形狀和特徵。

我們以自性的狀態來到這個世界，但這是潛藏的。我們可以稱之為自性即將萌芽的種子。如果以煉金術的用詞來說，這就是「原初材料」（*prima materia*），是基本的基質，容涵了所需要的一切，讓整個過程最後可以變成「哲人石」（*lapis philosophorum*）的一切。而完整人格要全然展現是需要時間的，事實上需要花上很多年。然而原初的自性確實容涵了所有的潛能，在特定的時間和地點，在特定的個人和家庭及文化

中，將會展現開來和繼續發展。自性是普遍的，因為每個人的自性都是由相同材料所組成；自性也是獨特的，因為相同的材料（原型）形成特殊的組合，並且在特定的時間和空間植入到獨一無二的身體裡。這種特殊性和相對性是由普遍性和絕對性所支持形成的。

在榮格心理學裡，獨特且特定的自我及其周遭意識的發展，還有人格角色認同（persona identity），這部分只代表了自性全面發展的起始點。自性是超越性的心理因素，因為其中包括了人格的所有面向，不論是意識的還是無意識的。有些心理治療學派著重於自我結構和人格角色身分的發展（其實是所謂的「調整」）。這在整個個體化的過程中也是重要的一部分，但並不是個體化的全部。有時，榮格會將個體化寫成「成為你是**什麼**，而不僅僅是你是**誰**」（becoming *what* you are, and not only *who* you are）。所謂你是**誰**，指的是你意識到的身分認同；但你是**什麼**，則是自性的整體，是意識面向和無意識面向的結合。榮格心理學有個基本公理：「自性」是高於「自我」的，自我只是整個自性中的一部分，儘管是絕對重要的一部分。

充分的個體化是發展目標，但在人的一生中恐怕是無法完

10 全達到和實現的。你可能好奇為什麼會這樣？為什麼我們不能
達到個體化歷程的最終目標，也就是自性完全的實現？這是因
為我們的意識還沒有大到足以整合整個自性。我們只能部分地
整合自性充分呈現的部分。自性的某些面向，即使經過了長期
的個體化發展，仍然停留在無意識層面，遠遠在意識所能觸及
的範圍之外。所謂整個的自性是由許多原型的潛能所組成；然
而，個體只能實現其中少數的可能性。個體是這許多原型的可
能性特定的組合。個體在自己的生命史裡，要負責實現和表現
出這個特定的組合。

　　榮格認為，個體化是一個有目標的原型歷程。當我們說某
個東西是原型時，我們的意思是這像是一種本能，是屬於每一
個人的：所有的人內在都有實現個體化歷程的這種動力。有些
人所實現的個體化水平比其他人高，但這不一定是因為他們的
內在有更強大的個體化驅力活躍著。這是因為他們在生活中有
11 意識地與這歷程合作，幫助個體化得以實現。對有些人來說，
也許是因缺乏資源，也許由於創傷，或者是緣於無法克服的文
化障礙，他們的個體化歷程受到了限制或阻礙。由於這些因素
所產生的阻撓和束縛，他們的個體化因而無法全然實現。還有
一點：個體化是一項艱苦的工作。這需要勇氣，需要大量的精

力。有些人也許只是害怕，或者是偷懶，抑或沒有足夠的動力在追求個體化的過程中協助無意識。

我將探討個體化歷程的幾個重大階段。

榮格將人的一生分為兩個主要階段或時期：生命的前半段和生命的後半段。[1]他說，生命就像太陽的旅程：它從東方升起，正午時分達到頂點，然後往西方落下，傍晚消失。同樣地，我們的生命是從子宮的黑暗中開始的，湧現在光亮中，然後上升到蒼穹頂點，再來是下降，最後消失在墳墓的黑暗中。從子宮到墳墓，這就是壽命。《聖經》中的壽命一般是七十歲；但如果是生活在當今的現代文明中，平均壽命是在八十到九十歲之間。因此，前半生會是到三十五至四十五歲，後半12生也許是八十或九十歲以上。事實上，今天很多人健康地活到九十多歲，甚至近百，還相當有生產力，所以他們有機會享受到相當長的後半生。

埃利希·諾伊曼（Erich Neumann）可以說是榮格最傑出的學生，他做了進一步的區分。[2]他將前半段分成兩個部

1　榮格，〈生命的階段〉（'The Stages of Life'）。

2　埃利希·諾伊曼，《意識的起源和歷史》（ *The Origins and History of Consciousness* ）。
　（譯註：目前中文版僅有簡體字版《意識的起源》，楊惠譯，世界出版公司出版，2021年。）

分。第一個部分是「母親階段」，而第二個部分是「父親階段」。母親階段是從母親的子宮開始，一直持續到十二歲左右。傳統上，在這個年齡段會有一個進入成年的啟蒙活動（initiation），是由父親所主導的。而父親階段則是十二歲左右開始，一直持續到中年——通常是四十歲左右。生命的後半段是個體的階段。每一個階段都有一個人物來主導：母親、父親、個體。這些人物是象徵的：**母親**這個象徵適用於童年生活的獨特氛圍或態度；**父親**這象徵有關的氛圍或態度是從青少年開始，一直持續到中年時期；**個體**是這一生命階段內部控制中心的象徵。在第一個階段，「母親原則」支配一切，是個體化歷程的參照點。第二階段則是「父親原則」統治一切，也是個體化歷程的參照點。這些人物代表著權威。在第一階段，母親代表這個權威人物；而第二階段，父親則是權威人物。到了第三階段，自性是這個權威人物。

　　以下的圖一代表了整個生命，從出生開始（B，左側），到死亡結束（D，右側）。這圖就像是太陽穿越天際，是榮格用來描述個人一生的比喻。在他關於「生命的階段」這場演講中，榮格對生命過程的描述變得十分詩意，儘管他也為這個

13

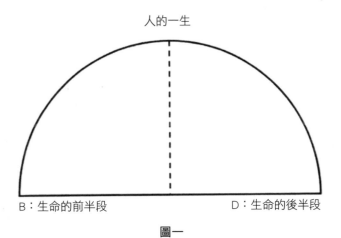

人的一生

B：生命的前半段　　　　　　　D：生命的後半段

圖一

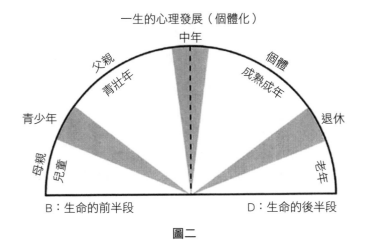

一生的心理發展（個體化）

中年

父親　　　　　　　　　　　個體
青壯年　　　　　　　成熟成年
青少年　　　　　　　　　　　退休
母親
兒童　　　　　　　　　　　　老年

B：生命的前半段　　　　　　　D：生命的後半段

圖二

「蹩腳」的比喻而道歉。[3]

　　生命的這兩個半段可以進一步區分出幾個階段或時期，如圖二所顯示，其中還包括各階段之間的過渡期。個體化是從胎兒開始，在出生時進入外部世界，經由嬰兒期和兒童期而來到青少年，這是一個過渡時期，直到達到成年初期或青壯年。到了中年，又是一個過渡期，一個人從成年的初期進入到成熟期。這裡的每一個過渡期都代表著個體化的轉化，往往會在情感上出現動盪和不穩。而這些過渡期的之前和之後往往是相對穩定的。過渡期出現如此大幅度的動盪，是因為心靈正在改變著對自性和他者的基本定位和觀點。

15 　　由於當今許多人壽命如此之長，他們在成年後期會有一個重要的過渡期，也就是進入一般稱為「退休」的歲月。這不必然意味著所有過去的工作活動要停止，而是標示著要從原來活躍的生活過渡到更多反思的生活。早些時候，這些成年人在各種社會和職業角色上都承擔著主要的責任，而現在他們的生活則是充滿了回憶、反思和有關靈性意義的問題。在不斷擴大的老年學領域中，這時期的生活現在正受到心理學家和心理治

3　榮格，同前註1，§778-78。

療師更多的檢視。從心理的、發展的角度來看，在老年時期還能有什麼事情發生，是個非常讓人感興趣的主題。我們很容易看到各種衰退：記憶和學習能力的逐步減弱，更不用說運動能力了。我們看到身體開始崩解，還有各種生理上的困難。但在心理和靈性上則不盡然如此。在這個時間點，個體化可能得到更進一步的發展，在成年的後期創造了另一個生命階段，並且延伸到老年。人類有許多最偉大的文學、藝術、音樂和哲學作品，都是由身處個體化歷程這個後期階段的人所創造的。

16

「個體」（individual）這個詞的意思是「無法分割的」（undivided），而「個體化歷程」這個詞的意思是「變成無法分割的」。當我談到心理發展時，我們就可以明白為什麼在心理發展的後期變得無法分裂（也就是個體化）會如此重要。在生命的過程中，心靈開始分成幾個部分，也就是意識和無意識。我們在發展的某些階段，必然要與心靈的某些部分開始分離，這樣才能獲得社會身分，也就是人格角色（persona）[4]。我們把自性的一部分留在意識之外，以便適應社會條件，並且

4　譯註：persona 這個詞源自古希臘的劇場，為了讓觀眾從遠處可以清楚看到演員的表情，所以演員往往是戴上面具的。也因為如此，過去大多翻譯成人格面具。但是，用在現在的心理解釋，面具這樣的名詞似乎意味著一種與真實的自己很容易區分的本質。

在四周的文化競賽中找到一個空間。然後在生命更後期的階段，我們必須回到過去，找回過往遺漏的東西，或者到目前為止還沒機會接觸到的東西。我們必須引領自己回到心理的圓滿，讓自性盡可能地有所意識。到了最後，能夠獲得最大潛能的象徵便是曼陀羅，也就是圓圈。這圓圈包含了所有的部分；它本身就是圓滿。圓圈可以涵容內在和外在的衝突，而避免了分裂和破碎。它可以包含關於自己和全世界最大數量的訊息，並將其全部涵容在一起。

17　　　個體化歷程中的每一階段和每一過渡期，都有其特定的挑戰和要求。我將在以下幾頁中，簡要地介紹這些階段和過渡期。

第一階段　童年：母親的時代

在第一階段，個體在母親的子宮裡逐漸成形，然後以嬰兒的狀態出生，來到這個世界，進入了嬰兒期。這是心理發展第一階段最早的部分，這時會發生很多對未來人格發展有很大影響的事情。當我們在母親的子宮裡，我們是在一個獨立的世界裡。然後胎兒出生了，進入另一個世界，從一個黑暗的世界

過渡到另一個光明的世界。當嬰兒出生時，它張開了眼睛和耳朵，開始感知事物。它不知道自己在哪裡；它也不知道這些人是誰，甚至不知道他們是人。它對這個世界一無所知，因為它的認知能力還沒有發展。想像一下，當時我們沒有記憶，也沒有任何觀念！然而，這時最重要的不是理解這個世界，而是對這個世界形成情感上的依戀。新生兒需要依戀於某人或某物，經由這依戀而獲得溫暖的接納和想留在這個世界上的動機。

過去的幾十年裡，心理學研究者對母親和嬰兒之間的早期關係進行了許多研究，因此發展出依附理論（attachment theory），用來觀察和談論這個階段。依附就像情感膠水，將兩個人黏在一起，所以彼此想和對方在一起。另外一種比喻則是地球引力：小的被大的固定住。而這種引力就是愛。隨著母親和嬰兒變得相互依戀，透過互動、餵養和遊戲而了解彼此，兩個人也就愈來愈親密和熟悉了。嬰兒想參與生活，因為這是一種樂趣：這是一個充滿愛和滋養的世界，而且是刺激的。

如果這樣的依附關係運作良好，嬰兒會隨著大腦和身體的成長而開始學習。它會透過自己最依戀的人，經由觀察和鏡映，開始學習各種習性，還有語言，以及情感和感覺的身體表達。這個嬰兒期階段大約是從出生的那一刻起，一直持續到

十八個月或二歲，形成了從另一個世界，也就是母親的子宮世界，到現在這個充滿人、物體（客體）和文化價值的世界，這兩個世界中間的過渡時期。如果這一切的過渡是成功的，嬰兒就會順利地進入孩童階段。如果從嬰兒期到孩童期的依附和過渡不夠好，嬰孩可能會退縮。嬰兒確實可以決定是否要退出對這個世界的參與，但不是透過認知，而是透過情感來決定。有時它們甚至會拒絕攝取營養，因此無法存活。在這早期的階段，最需要實現的心理任務就是依附。所謂母親這個人物，不一定就是親生的母親。不管是誰擔任這個母親人物，都可以將孩子吸引到生活中，讓孩子願意留下來並參與生活。這就是依附成功實現的時候。

這是個體化歷程的第一部分，發生在母親階段。這階段有時會稱為個體化的天堂階段。從嬰兒的角度來看，這似乎應該是天堂，因為每一件生存基本和必要的東西都提供了：食物、愛、刺激。嬰兒除了依戀和回應之外，什麼都不用做。許多人把早期的童年想像成天堂。我們或多或少都想要回歸到這樣的天堂狀態。馬里奧・亞考畢（Mario Jacoby）[5] 寫了一本書，就

5　譯註：馬里奧・亞考畢（Mario Jacoby, 1925-2011）誕生於萊比錫，四歲到蘇黎世與祖父母同住，成為一流的小提琴家，1955 年因為舞台恐懼而尋求榮格第一代弟子尤蘭德。

叫《渴望天堂》（*Longing for Paradise*）。人們對天堂的渴望，
被詮釋為希望回到母嬰之間這樣的養育、愛和玩耍的世界。
但這是原型意象的投射。馬里奧·亞考畢這本書有個副標題：
「對一個原型的心理學觀點」。他認為，天堂的意象是屬於
原型的，因此會從後來的位態，也就是個體化中的父親階段，
以想像的天堂狀態這樣的形式再投射回到嬰兒時期。這是原型
意象向過去的投射。事實上，無論對孩童或父母而言，嬰兒期
根本不是這樣的。正如精神分析領域的作者所觀察和描寫的那
樣，在我們生命中這個早期的階段是磨人的，也是複雜的。然
而，這個由母親人物所主導的階段，重點在於抱持和養育。

　　天堂不會永遠存在，《聖經》是這樣告訴我們的。隨著年
齡的增長，孩童開始對抗依戀，想要擁有更多的自由。人們有
時稱這情形為「可怕的兩歲」（the terrible 2s）。孩童正在尋
找自主權，並且開始發展自己的意志。嬰兒的依附關係如果是
好的，他想探索的範圍就會愈來愈大。在童年的這個階段，分
離的主題開始主導個體化的歷程。孩子隨著自己的成長，通常　

亞考比（Jolande Jacobi 1890-1973，兩人沒有親屬關係）的協助。從此以演奏維生，同時
學習心理學等專業。1965 年他成為榮格分析師，在後來的四十年成為蘇黎世榮格學院
的核心人物。亞考畢著有多本書籍，包括個體化和寇哈特成熟自戀觀念的比較。

會努力讓自己在生活裡更加自主。於是，與母親和父親以外的人開始形成了關係。孩子打破了規則，打破一切來尋求自由，於是走出了天堂，開始以新的方式接觸世界。這個世界打開了，擴大了，孩子想進入並且參與其中。在這裡，我們可以看到自我發展開始波濤洶湧，因此推動了分離。孩子想走自己的路，做自己的選擇，擁有自己想要的東西，不管這一切是否能夠得到母親的認可。當孩子餓了的時候，就想吃東西；當孩子累了的時候，就想睡覺。在這裡，我們可以看見想成為個體之驅力的第一個證據。

此外，當自我發展時，在心靈當中，意識和無意識之間的分野開始展開。孩子會表現出兩種性格：一種是可愛順從的，一種是任性而不聽話的。這是人格角色－陰影（persona-shadow）發展的開始。原來單純而一體的東西，現在變成了兩個，而且複雜。

這年齡階段的孩子對母親仍然保留著非常強烈的依戀，儘管現在這變成有點衝突的依戀。做為雙親合體的另一「極」，父親的在場變得愈來愈重要。有別於過去那種完全依賴的關係，他幫助孩子與完全主導的母親形成不同的關係。父親在孩子很小的時候就參與進來十分重要，孩子因此對他也有同樣的

榮格心理分析的四大基石

依戀。父親幫助孩子從母親那裡分離出來，並且成為孩子通往外部世界的橋梁。他可以帶領孩子進入外部世界，這個屬於學校和工作的世界，以及屬於社會和文化的更廣大世界。

如果父親因為工作或離婚而不能充分參與，或者因為疾病等其他事情而不可接近，那麼問題也就出現了。這時，母親就必須同時扮演父親的角色。母親必須承擔起責任，不要緊緊抓住孩子不放，也不要企圖讓孩子像嬰兒般緊貼著自己，而把孩子從外部世界抓回來。她必須幫助孩子放手離開她。而如果母親抓得太緊，孩子就很難進入下一個階段，這個階段會要求個體發展出該有的社會角色，與陌生人互動，最終選擇職業和伴侶。所以，母親能夠允許並幫助孩子分離是非常重要的。

當母親將這樣的孩子（4-6歲）帶來遊戲治療或沙盤遊戲 23治療時，治療師需要與母親進行一場面談。這是必要的，因為這樣才可以發現，究竟問題是母親對孩子的牽絆過多，還是因為父親缺席了。接下來，治療師就可以透過遊戲幫助孩子培養出自主性和獨立感。在這樣的情境下，治療師代表著外部的世界，如同在正常的情況下父親所擔任的角色，並將孩子引入下一輪全新的可能性。沙盤遊戲成為一種與外部世界接觸而與母親分離的方法。

某些情況下，孩子並沒有對母親發展出安全的依附，而嬰兒時期也不是天堂。如果母親很憂鬱與焦慮，她將無法讓嬰兒對自己有所依戀，因此這孩童也無法在生活中有所依戀。這可能造成缺乏安全感的孩子，甚至是有自殺傾向的孩子，一個遠離生活的孩子。治療師如果收治一個對母親有不安全依戀的人，可以透過治療中所謂的矯正性體驗（corrective experience）來幫助這個人。這是可以糾正和彌補早期缺陷的體驗。對於這樣的案例，在治療的歷程中有個本質上相當重要的面向，就是個案與治療師的關係。治療師必須非常小心地為這類案主孕育出穩定而可靠的在場。否則，不安全感將會占上風，這個人早先與母親所體驗的不安全依附就會重複出現。

治療師的反移情態度應該移向母性的位置。母性的反移情態度是接納的、養育的和有耐心的，對於任何判斷或批評的傾向都加以淡化。治療的頻率可能需要增加。每週一次可能會不夠，也許每週兩到三次是必要的。而治療的過程應該是在感覺安全而穩定的環境中進行。治療師持續穩定的在場，給予案主鏡映並建立深度情感關聯，都是十分基本而重要的。

第二階段　青壯年：父親的時代

　　孩子終究將到達青少年這個重要的過渡階段，一般是在十一至十三歲之間發生。這是過渡進入成年的開始。在這一點上，有必要從母親的世界積極地分離出來，進入到我所描述的父親的世界。青少年從對母親和其他主要照顧者的依戀，轉移到對同儕群體和父母以外其他成年人的依戀。這在情感上可能是一個非常混亂的時期。身為孩子的舊身分正逐漸被拋棄和擺脫，就像蛇在成長過程中的蛻皮一樣，而成為青年人的新身分現在正在形成，親近的家人之外的新的團體認同也開始形成。

　　從童年經由青少年而進入成年初期的這個過渡期，最主要的心理目標是適應周圍的同齡人和成年人的社群，以及適應這些人所處的更大的文化世界。青少年是一個典型跨界人（liminal person）的案例：他們與母親世界分離，但還沒有完全依附到父親世界。青少年對於離開童年和母親世界的保護性照顧，通常是感到矛盾的：對過去有著一定的懷念，但同時又意識到自己不能再回家，再也沒有回頭路了。對於進入父親世界則是有著可理解的阻抗，那裡充滿了工作和鬥爭、表現和判斷，而且由權威的位階制度所主導，是一個與充滿養育和保護

的母親世界非常不同的世界。

在父親的世界裡，人們會根據他們的表現被評分。他們如果努力工作並且有所成就，會得到獎勵；他們如果工作不努力，如果無視權威的指示，或是放掉了手頭的任務，就會受到懲罰。根據表現和工作來進行獎勵和懲罰的這些生活方式，是屬於父親世界的。當人們要通過這個個體化階段時，他們必須做出特定的基本選擇和決定，這意味著他們將來會成為什麼樣的人。無論是有意識還是無意識做出的選擇，都會為他們的生活帶來特定的外貌和形式。決定要不要結婚、要不要生孩子，選擇什麼樣的職業來追求成就，或是透過什麼種類的工作來安身立命，以及追求什麼類型的教育，所有這些重要的人生選擇都發生在這個階段，它們將賦予這個人獨特而與他人有所區別的社會身分，這就是人格角色。

有些人會抵制而不願做出這些決定，或是敷衍地做出決定，而且常常可以發現他們還沉溺於童年樂園的憧憬之中。他們不想「長大」。彼得‧潘是這問題的典型代表。他們可能會開始濫用藥物，因為非法藥品是回到天堂的一種方式。他們會抗拒選擇終身伴侶。他們也會拒絕尋找合適的職業或工作，維持很低的工作量。他們抗拒積極且充分參與父親世界，既是

27

因為負面的父親情結，也是因為他們普遍渴求繼續當個停留在天堂的孩子。他們如果看到學校的要求和成人世界對生活的高度索求，整個人就會感覺不堪負荷而受不了。他們感覺軟弱、無能、心生恐懼，所以退回到自己的房間，繼續玩電腦遊戲或諸如此類的東西，心裡想著：「我不要去上學——我不想離開家。」

幾年前，我有一位案主在二十多歲近三十歲時來找我。他沒有完成學業，而父母在經濟上提供支持。當時他剛辭去一份勉強維持一段時間的工作。他毒癮極深，特別是大麻，一大早就開始吸食，並且持續一整天。這使得他失去了在生活中更獨立的動力。我（小心翼翼）地為他設定的任務是：第一項是停止吸食大麻，這樣他才能在白天保持清醒；第二項是回去完成學業；第三項則是更認真看待自己的生活伴侶。他當時已經有個交往相當穩定的女朋友。我告訴他，這些任務完全達成需要幾年的時間，但還是建議立刻一起開始行動。

他十分合作，也理解這些計畫的用意，而且他很開放也很聰明，所以治療很有效。他需要方向和指導，而這是他的父親從未提供過的，因為父親忙於自己的生活和事業，無暇顧及這個難以捉摸的兒子。順著這個治療計畫案主在幾年內穩定

進步，經濟上不再依賴父母。他完成了學業，獲得了碩士學位，結了婚，並有了兩個孩子。從表面上看，他似乎在個體化方面取得了很大的成就，但由於成癮的那個時期少掉了幾年的時間，整體而言還是有點落後。他已經取得了一定程度的自主權，並且從原生家庭中獨立出來，但還是傾向於依賴他人，特別是目前的妻子。他還沒有達到全面離開母親世界，而完全進入充滿責任和成熟的父親世界的地步。但他已經有了一個很好的開始，而且這治療工作還繼續進行著。

29　　就原型而言，幫助孩子離開母親世界，並且進入下一階段的個體化發展，是父親的工作。不論是女孩還是男孩，都需要有一股進入世界的引誘。這跟第一次的誘惑一樣，是誘惑嬰兒開始對愛的客體產生依戀，這客體就是母親的意象。而現在，年輕人則需要開始對父親世界中的某些東西有所依戀，可以得到滿足和歸屬感。對比較敏感的孩子們，有時這個過程必須相當緩慢而細膩地進行。如果這沒有成功，有時會稱之為「發射失敗」，就像火箭還在發射台上。火箭沒有起飛；火箭只是坐在發射台上。這種發射失敗，對於應邀進入這情境來幫助孩子過渡到下一階段的心理治療師來說，可能是個重大的問題。另一個可能發生的問題是假如母親不想放開孩子：她自覺或不自

覺地想要拉回孩子，因而阻礙了孩子的進步。母親終究必須放手，甚至可以說是要將孩子推出窩巢。

在父親階段，選擇變得非常重要，因為這些選擇設定了人生其他部分的行程。而我們做出這些抉擇時，可以有多大的自由呢？這些抉擇將確定未來生活的方向。年輕人要做出某些特定的抉擇時，身上承擔了許多不同的壓力，這些壓力往往是基於宗教、性別、社會和學歷的可能性。而在某些文化裡，這選擇是很早就必須決定的，而且一旦做出決定，就很難改變，甚至不可能改變。在其他的文化裡，可能有更多時間可以嘗試各種可能性，直到找到感覺適合個體的一切。一般而言，心理學家會主張花更多時間在這個階段，不要太快就排除其他各種可能性，不要太早或太衝動地做出選擇。有些選擇也可能是因為家庭的壓力。在有些家庭裡，長輩會期望他們的兒子能從事某種類型的職業。在美國，如果父執輩大部分是醫生、律師、建築師、營造業者、消防員或警察，就會面臨選擇同一職業的壓力。選擇的自由度有時不一定是足夠充分的。個體可能因此而不得不與來自外部的壓力抗爭，以便為自己做出好的選擇。

還有一個重要的議題，就是需要選擇什麼樣的人生伴侶。今天，至少在西方文化中，人們面對多元可能性的態度更加開

放了。過去的局限是因為傳統觀念中對伴侶角色的指派配對。

而今天，年輕人必然會為這些問題抗爭：我究竟想要怎樣的愛情生活？怎樣的性伴侶？怎樣的人生伴侶最適合我？究竟應該是男性、女性，還是變性人？年長的還是年輕的？這一切是現今很多人在這個人生階段所要面對的議題。同樣地，心理學家則是建議人們不要被迫太快做出選擇。我們應該讓選擇自然湧現，讓選擇從體驗和個人感覺中自然成長出來。

第三階段　成熟的青壯年：個體的時代

如果有一天，你的生活無以為繼到讓你吶喊說：「我再也不能這樣繼續生活下去了！」接下來呢？如果這個人選擇繼續停留在自己習慣的模式中，往往會停滯不前，對人生變得憤世嫉俗。生活的體驗會讓人變得痛苦不堪而不再明智。生命後半段的個體化就是關於個人意義的追尋。自性於是四處繞行，以各式各樣的方式進行著。我們開始以全新的觀點思考有關自己的一切，並且根據自己內在的感覺來決定什麼才是正確的，據此做出選擇。而這些選擇可能會不符合權威、高層或上級的期望，因此自己必須願意有些犧牲和改變。這是父親階段黃昏時

刻的到臨。

　　這種新型的存在模式就是埃利希・諾伊曼所謂的「中心　　32
傾向」（centroversion），也就是圍著中心的繞行。而人們如
何才能發現這中心呢？這就是榮格所謂的自性，心靈主要的組
織原則。我們要找到這中心不能只靠反芻和內省。反芻和內省
也許可以帶領我們走相當長的一段距離。但如果我們只是問
自己：「我的感覺是什麼？我究竟喜歡什麼？我到底想要什
麼？」這是一個開始，卻沒辦法將我們從自我的意識中引領出
來。我們的自我由意識的蝕影包圍著，也許可以向外擴展而進
入意識，但還是鎖在有限的意識模式中，除非開始尋找其他地
方。我們終究需要打開衣櫃，或是通往以前從沒探索過的地下
室的門。就在這樣的地方，夢和積極想像得以成為超越自我意
識和發現自性的關鍵方法。

　　中心傾向是一種繞行，但不是圍繞著自我。這不是「我究
竟想要什麼？我喜歡什麼？我不喜歡什麼？」這一類的東西。
這是圍繞著自性的繞行。現在，自我是圍繞著另外的東西，完
全不同的中心。我們不再是太陽系裡的太陽；現在我們是地
球，圍繞著更大的星體，也就是太陽。榮格學派將這個稱為**自**　　33
我的相對化（relativization of the ego）：讓自我意識處於心靈的

次要位置，而不是主要位置。自我因此被取代，不再擁有進行決策的絕對權威。大家都知道，榮格派學者會說：「讓我卜一下卦，問問《易經》」，或是「讓我看看夢說的是什麼」。他們想要向自性諮詢。換句話說，你不能總是給出發自內心的答案，因為你不知道自性究竟想要什麼。你必須等待。於是，你不再出於自我而做出重大的決定。重大的決定是囊括了其他許多因素才能做出。無意識必須在這個問題上有發言權，也因為如此，夢和積極想像是更優先的訊息來源。

人如果接受內在控制中心的指導，將會更有創造力，更能為世界貢獻出全新而不同的東西。如果人仍然停留在父親階段，總是模仿著某人或是尋求外部權威的教導、指引或確認，就不可能做到這一切。在個體化的後期階段，人是朝向無意識而不是朝向外在世界來尋求靈感和導引。我們尋找的是內在的導師，一位內在的權威人物，而不是外在的。我們不再詢問父親想要什麼，導師想要什麼，老闆想要什麼，而是開始問自性究竟要我怎麼樣？我怎麼樣才能服侍自性？我怎麼樣才能把自性的精神帶入我的生活和我四周的世界？

要找到個人內在的方向或是內在的指引者，並不是一件容易的事。這需要一些時間和耐心。無意識不會給出簡單的指

示。心理分析可以幫助實現這種內在導向的重大轉變。透過觀察夢境、進行積極想像，並且面對自性中難以面對的部分，例如陰影，人才可以逐漸轉變移向內在的焦點。這創造出從外部權威的父親世界開始分離而完成過渡的個體世界，或者所謂的自性引領的世界（self-directed world）。這使得這樣的成年可能變得更加成熟、內在導向、充滿創造性，提供了早期階段不可能擁有的領導能力。

我們在個體化歷程的各個階段，都有著明顯差異的人格角色。到了晚年，一個人如果放下自己在這個世界上的地位和責任，問題就變成：「我是誰？我在人生的這個階段究竟是怎麼樣的人格角色？」在某些文化裡有智慧老人或智慧老嫗的傳統，他們雖然不再活躍於生活之中，卻體現了人們希望獲得引導的珍貴品質。中國古代賢者老子就是一個例子，他在圖片或繪畫裡都呈現為一位自由自在而充滿創造性的長輩人格：這位長者的笑容象徵了一種超越，遠離了世俗生活中的日常憂慮。

結論

總而言之，個體化歷程從兩個重大的運動來進行：一是分

離，一是結合（union）或綜合（synthesis）；用煉金術的語言來說，就是**分離**（*separatio*）和**凝結**（*coagulatio*）。在第一個運動裡，人們在心理上分離開對母親和父親、原生家庭的認同，再分離開對同儕群體的認同，進而發展出個體有關自性、自我意識以及適切之人格角色的感受。在更深的層次上，自我逐漸從無意識分離開來，也從童年特有的幻想生活中分離開來。一個人變得更注重實際，更為客體導向，也更適應外部的現實。

在生命的後半段，一些原本遺留在無意識中的其他人物形象和能量，開始獲得個人的接納，並且涵括到意識的身分認同裡，而這個人的身分認同也就改變了，變得更加複雜。如果你一直認同兩極（syzygy）中的陽性面，就會意識到自己有著內在的陰性，也就是榮格所說的阿尼瑪。或者你一直認同陰性面，就會發現內在的陽性（阿尼姆斯）。你不是僅有陰性或陽性，你有好幾個面向。對立的兩元加以結合，創造出了新的自性感（sense of self），以及由自性不同的部分，意識和無意識，所組成的新身分認同。

將意識和無意識焊接在一起，使得個體的基礎不再只是自我身分認同，還是無意識的能量和源頭。所有被分割的一切如今成為一體，就像質數，任何其他數字都不能除開。你想要成

36

為的這個完全實現、完全個體化的人格，是不可分割的。個體化（individuation）即不可切割（undivided）。在生命的後半段，意識和無意識的調和就是榮格在他最後一本書所說的「神祕結合」（*mysterium conjunctionis*）。這也就是對立面的結合。

分析的關係

37 　　榮格心理分析四大基石中的第二項是分析的關係。榮格分析師如何理解和處理這種複雜的關係，構成他們臨床實務方法的核心特徵。這種關係是一個神聖的空間，或稱為聖區（temenos）[1] 的空間，而分析就在裡頭進行。

　　關於成功的心理治療最重要的因素，當研究人員詢問現今各種流派的心理治療師時，幾乎所有的回答都是治療師和案主之間的關係。這就是心理治療成果有所差異的關鍵點。最重要

38 的因素是關係的品質，而不是治療師的理論說服力。對於這個答案，榮格分析師則會進一步補充說：除了關係，還要**加上無意識和自性在這個歷程中的合作**，才是決定分析是成功還是失敗的關鍵性差異。

　　分析師和案主之間的關係是個容器，整個治療歷程棲居其中，讓心理的變化和發展變成可能的事。而「封印良好的容器」（*vas bene clausam*）這個煉金術意象，指的就是這樣的一個容器。這不僅僅只是一個玻璃製成的蒸餾瓶而已。更準確

1　譯註：temenos 是一塊被切斷並指定為官方領地的土地，尤其屬於國王或酋長，或一塊被畫定為非一般用途，而是專門供神使用的土地，例如聖所、聖林或聖域。Temenos 的概念出現在古典時代，這個詞最早出現在古希臘邁錫尼語中，亦即為崇拜眾神而保留的區域。

地說，正如原型煉金術士女先知瑪麗（Maria Prophetissa）[2] 所說，「容器即太一」（拉丁文：*Unum est vas*，英文：the vessel is One），意思是「所有的祕密都在於對赫密士[3] 容器的理解」。[4] 如果理解這個奧祕，就可能透過煉金術將基礎物質轉化為高貴物質。不理解這一點，則什麼轉化都沒辦法發生。煉金術士必須取得正確的容器，才能完成這工作。在分析中，分析師和案主之間的關係就是赫密士的容器，而當中有其奧祕而神奇之處。這其中是有力量的。

　　從出生的那一刻起一直到生命的最後一刻，在心理發展的過程中，關係至關重要。許多研究都顯示，無論在認知面向還是情感面向，如果要成長到心理成熟的程度，基本上是取決於足夠好的關係。如果缺乏這樣的關係，發展就會延遲、發育不

2　譯註：瑪麗或猶太女瑪麗亞（Maria Hebraea），也被稱為女先知瑪麗（Maria Prophetissima），居於亞歷山大港，生卒時間不詳，約介於公元一世紀到三世紀之間，是一位早期的煉金術士。她因發明了多種化學儀器而受到讚譽，幾位科學史或煉金術史專家，包括法蘭奇（Marilyn French, 1929-2009）、泰勒（Frank Sherwood Taylor, 1897-1956）和李普曼（Edmund Oscar von Lippmann, 1857-1940），都將她列為最早的煉金術作家之一。

3　譯註：hermetic 這字直譯意指「密封的」，但這裡指的是赫密士（Hermes）的形容詞。希臘神話中，赫密士是宙斯與邁亞的兒子，奧林匹斯十二主神之一，在羅馬神話中稱為墨丘利（Mercurius）。兩者皆是邊界及穿越邊界的旅行者之神，在兩個世界之間來回移動，象徵轉化。

4　榮格《心理學和煉金術》（*Psychology and Alchemy*），§338。

足，或完全脫離軌道而成為精神病理。在分析中，這種成長的基本要素則是由治療關係提供的。在最早的時候，從佛洛伊德的諮商室開始，這關係的複雜性就一直是精神分析師研究的對象。馬里奧・亞考畢在他傑出的小書《相遇心理分析》（*The Analytic Encounter*）[5] 裡，寫到了這種關係的複雜性，並指出分析師的位置是自相矛盾的：既親近案主，同時又很遙遠。親近是在房間裡兩個人之間激烈互動接觸的產物，而遙遠則是分析師從臨床角度處理內容時必然的思考結果。分析師在心智上必須有所保留，才能從理論和臨床的角度來思考案例材料。這個位置也被描述為「一隻腳在裡面，一隻腳在外面」，這就是在治療過程中產生的相遇。有時這是一個尷尬的位置，但為了案主的利益，有必要保持這個位置。分析師本身既處在煉金過程中，同時又從外部照料著這過程。這是專業的責任。

40

當人們決定要找一位心理治療師時，通常會有種相當強烈的感覺，認為自己需要有人來幫忙解決某個直接而緊迫的心理問題。他們再也不能靠自己單獨撐下去了。在這一時間點上，如果沒有迫切的危機，若能夠拜訪幾位心理治療師，會是

---

5 譯註：《相遇心理分析》（*The Analytic Encounter*）有簡體中文譯本，全名是《相遇心理分析：移情和反移情》（2007），劉建軍、申荷永譯，張敏校閱，廣東教育出版社。

個好選擇。走進治療師的辦公室，進行一次會談，事後問問自己：「我和這位治療師，兩個人之間的感覺怎麼樣？是否很適配？」契合的程度不一定要完美，但一定要夠好。也就是要有「叮」的那麼一聲，有一種連結，以及一種打從心底湧出來的信任和把握的直覺，認為這治療師可以理解你。而這種第一印象，最有可能是來自於過去的關係，與母親、父親、祖父母、叔伯等人的關係有所共鳴，而產生了投射（projection）。

榮格分析師在初次的會談時，通常會建議案主，在決定是否進入長期分析之承諾以前，先會面幾次。這個時候如果答案是「是」，那麼分析就可以繼續進行下去，而且不需要預設日後有個具體的結束點。如果感覺不是那麼好，而且雙方都同意這不很適配，那麼治療關係可以就此停住。如果有不同的意見，可以討論看看，也許可以引導出重要的洞察力和日後進一步的分析會談。

在最初的幾次會談中，榮格分析師也會問自己：「這是我可以合作的人嗎？」分析是十分個別化、十分個人的，而且分析師也有自己的局限性。而他們需要知道這些局限是什麼。也許是分析師沒辦法理解或同理案主呈現的問題，或者由於彼此差異太大，而無法想像出進入案主的心智框架或心理構成的方

法。或者案主提出的問題可能觸動了分析師自己的個人情結，過於深刻和痛苦了。在這種情況下，分析師如果將案主轉介給其他可能是更恰當選擇的分析師，會是明智的決定。

　　人們對分析師有所期待是有道理的，他們認為分析師應該在他們的培訓、學習和體驗中，已經對治療關係和分析關係有足夠的了解。他們已經準備好，可以理解這關係可能充滿了情緒，而心理上是十分複雜的。在這專業中，這樣的複雜性指的就是移情／反移情。這個由兩個部分組成的術語，與分析關係所發展出的心理層次有關。這情形所指的是在互動的場域中，意識和無意識的動力所產生的強烈情感電流。以下這個圖指出了這種關係的複雜性。

42

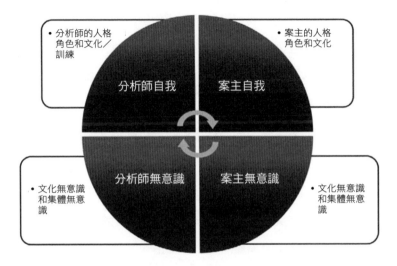

佛洛伊德和「移情」的起源

　　「移情」這一觀念最早是由佛洛伊德提出，用來說明他的患者在他身為他們的精神分析師時，對他所形成的心理態度。他所使用的這個德語單詞 Übertragung，源自於一個動詞，其字面上的意思是將某物從一個地方或時間「攜帶、轉移」到另一個地方或時間。佛洛伊德將他的患者強烈的情緒反應，詮釋為來自童年的情感轉移；在童年時，孩子會將父母視為神奇的力量，無論好壞，因而會由此發展出嬰兒式的依賴。佛洛伊德明白，患者在分析中會退行到心理發展的早期階段，甚至退行

43

到完全依賴照顧者的嬰兒階段時，這種對分析師孩童般的依戀也就會愈來愈強烈。在這種狀態下，分析師成為案主恐懼和慾望的對象（客體），而且案主會感覺自己對分析師的意志顯然是無力招架的。這讓分析師擁有了巨大的情感力量。移情是一種魔杖，因而案主脆弱的心靈彷彿在分析師手上顫抖著，可以隨時加以治癒或粉碎。

早期的精神分析師認為這樣的心智狀態類似於患者處於催眠狀態下的情況。催眠師對被催眠者施以相當程度的暗示力量，幾乎到了像是魔術般的地步。佛洛伊德曾研究過催眠，並且在賈內（Pierre Janet, 1859-1947）巴黎的門診觀察到其強大的效果，因此開始使用催眠來治療歇斯底里症。在催眠的狀態下，患者會接受暗示，來改變他們思維和行為的習慣，而這至少會在短期內有一定的效果。

催眠做為一種醫療和心理治療的方法，是在十八世紀晚期和十九世紀發展出來的，最先由梅斯默（Franz Anton Mesmer, 1734-1815）和他的「動物磁性」（animal magnetism）理論開啟[6]，而詹姆斯‧布萊德（James Braid）將這用來降低一些生理

6　關於這一點，進一步完整的討論，參見艾倫伯格（H. Ellenberger）的《發現無意識》（*The Discovery of the Unconscious*）。

功能，伊波利特‧伯恩海姆（Hyppolyte Bernheim, 1840-1919）隨後將這些轉向了心理學領域，並且提出了催眠下的「可暗示性」（suggestibility），而夏考（Jean-Martin Charcot, 1825-1893）和賈內將催眠引入精神醫學。佛洛伊德在巴黎與賈內進行了短暫的學習，兩人都不約而同地認為，催眠術是一種接觸無意識並利用其非凡力量的方法。在催眠狀態下，患者可以揭露出在正常清醒狀態下無法獲得的記憶和想法。催眠暗示在某些精神疾病的治療上似乎也相當成功。例如，如果一個人有心理創傷，並受苦於記憶的閃回（flashbacks），可以讓他進入催眠狀態，發出命令：「不要再想那個創傷了。把它放到一個黑盒子裡，關上盒子，把它埋起來。」這將消除閃回的情形，患者的狀況因此得到緩解。這像是變魔術一樣。症狀可以輕易去除，而且似乎消失了。

45

然而，佛洛伊德後來發現，這種痊癒無法持續很長時間，所以他放棄在精神分析中使用催眠。相反地，他讓他的患者躺在沙發上單純自由地說話，而他則是靜靜地坐在他們身後，不在視線內。當患者這樣做的時候，他發現他們進入了一種類催眠狀態，對他發展出一種強而有力的幻想關係。十九世紀九〇年代在維也納，他所治療的年輕女性可以退行回到童年狀態；

在這種狀態下，她們會想像和感覺那位靜靜坐在身後而看不到的分析師，是一位強大的父親形象。這就是佛洛伊德所說的「移情」，也就是將過去的感覺帶入現在的情境。因此，現在成為過去，過去成為現在。時間性坍塌了。移情中所誘發的心智狀態類似於催眠中的恍惚（trance），但不是從正常自我意識解離，因為患者是完全清醒的。

46　　佛洛伊德在精神分析治療的最早期階段，與同事約瑟夫·布羅伊爾（Josef Breuer, 1842-1925）一起工作，兩個人用同樣的方法治療患者。他們同時發現，患者會對他們產生非常強烈的情慾感覺。這暗示立即讓他們想到了父女亂倫。佛洛伊德起初認為，這是案主童年確實有亂倫關係的證據。後來，他改變主意，認為這是來自童年時期的性幻想和願望，而不是具體的事件。這種移情是女孩早先對父親情慾期望的重複。由此，佛洛伊德得出結論，兒童確實是有性幻想和慾望。儘管這些患者通常不會有確切的性舉動，但他們有著性的願望和幻想，後來就把這些願望和幻想帶進與分析師的關係中。在布羅伊爾的一位年輕女患者的身上，這種性感覺如此強烈，布羅伊爾發現自己的反移情也對此有強烈的反應，甚至威脅到他的婚姻，於是決定放棄他精神分析師的工作。

在精神分析的設置中，簡單的指示是，腦海浮現什麼就說什麼，不要抵制或阻止，只要帶出來、說出來。佛洛伊德的患 者必然會因此鬆了一口氣，能夠向坐在他們身後的父親形象公開說出他們的感受。布羅伊爾的一位患者安娜・O，將這種精神分析治療稱為「談話療法」。她在講出自己所隱藏和潛抑的情感後，感覺自己療癒了。

榮格和移情

榮格早年在蘇黎世大學伯格赫茲里醫院（Burghölzli Klinik）接受精神醫學培訓時，讀到了佛洛伊德的作品。1907年，他到維也納拜訪佛洛伊德。他們花了幾天時間進行了長時間的激烈討論。榮格當時三十二歲，是一位嶄露頭角的年輕精神科醫師，見到佛洛伊德後，十分欣賞他和他的天才。在他們見面以前，他已經開始在伯格赫茲里醫院對幾位患者使用佛洛伊德的精神分析方法。榮格的第一個精神分析患者是薩賓娜・史畢蘭（Sabina Spielrein），一位年輕的俄羅斯猶太裔女士，十八歲，家人帶她到伯格赫茲里醫院治療，而榮格的診斷是「精神病性的歇斯底里症」。榮格認為她是精神分析的合適對

象。然而開始使用佛洛伊德的方法時，他很快就發現移情的可
48 怕力量。佛洛伊德在他的書中描述的狀況恰恰就是史畢蘭對榮
格的那種反應。

當榮格第一次與佛洛伊德會面時，在談話的某一刻，佛洛
伊德問他：「那你對移情有什麼看法？」榮格立即這樣回答：
「移情就是全部！」佛洛伊德說：「啊，你已經明白了。」佛
洛伊德很高興從榮格這裡得到這個回答。就移情是治療和痊
癒的關鍵這一主題上，他們的看法可以說是一致的。他們由於
在佛洛伊德維也納診療室的這些討論，形成了密切的專業和同
僚關係。在這種關係中，榮格也發現自己對佛洛伊德有著深切
的、非理性的感情。這也是一種移情，但卻是男人對男人的移
情。有一次，榮格在給佛洛伊德的信中承認，他對佛洛伊德有
一種「宗教式的迷戀」（religious crush），好像有著同性戀的
色彩，這讓他感到害怕，因為童年時他曾被一位受人尊敬的長
者性傷害。

佛洛伊德不算是榮格的分析師。榮格並沒有躺在佛洛伊
德的躺椅上進行正式的分析，但他確實將自己的一些夢寄給了
佛洛伊德，透過郵件收到佛洛伊德的詮釋。親密而具高度張力
的情感關係迅速發展起來，在這種關係中，榮格被賦予了受寵

的兒子和繼承人的地位，而佛洛伊德則獲得了理想化的年長父親—教師—導師的地位。這是可以理解的，因為佛洛伊德比榮格大二十歲，而且在他自己的家庭和追隨者圈子裡確實是一個強而有力的父親形象。榮格這樣的愛，是一位年輕人迷戀上受他敬佩的老師時的那種愛。但榮格很快就意識到，這裡面的內容還不只這些。對他來說，佛洛伊德是令人敬畏的人物，幾乎是神一樣的存在，所以才有「宗教式的迷戀」這一說法。在他生命後期，榮格將這類型的投射稱為「原型移情」（archetypal transference）。這是一種原型意象的投射，遠遠超過了一個人對父母的自身經驗。事實上，榮格的父親在他眼中並不是一個強大的形象。他的母系祖父塞繆爾·普賴斯維克（Samuel Preiswerk, 1799-1871）和父系祖父卡爾·榮格（Karl Gustav Jung 1795-1864，他的家族據說可追溯到歌德）都要來得強大許多。在榮格成長的巴塞爾市，也有像巴霍芬（Johann Jakob Bachofen 1815-1887，法學家和人類學家）、布克哈特（Jacob Christoph Burkhardt 1818-1897，傑出的文化歷史學家）和尼采這樣的知名人物，在榮格的青年時期就留下了深刻的印象，並在他的心靈中占據了很高的地位。每當他遇到一個天才時，他立刻就知道了，而在佛洛伊德身上，他也找到了這樣的天才。

50　　　由於許多因素，在精神分析不斷發展的過程裡，這強烈情感反應的移情關係（無論是愛還是欽佩，恨還是競爭）成了特別顯著的研究焦點。榮格在給佛洛伊德的一封信中寫道，精神分析是「一種最危險的方法」，就是因為它所釋放出來的情感。一開始，人們認為所有的這些情感全都是來自患者這邊，也就是童年願望和幻想的重複再現。後來，這些奠基者開始意識到，移情並不是如此單一面向的，而是對分析師也同樣有著強大的影響。因此就有了反移情（counter-transference）這個詞語：分析師的情感是對患者移情的反應，是一種「反向」（counter）的反應。他們開始更仔細地觀察治療雙方中的分析師這一方。被捲入這強大的情感場域的不僅僅只有患者，治療師也同樣被影響了。這兩個人在這場關係中，共享相同的氛圍和情感空間。這就像是個澡池，兩人都沉浸其中。他們兩人都是在水中，而這水就是分析得以進行的媒介。他們之間的情感氛圍相關的性質會影響到在這空間發生的一切來來去去

51　（transactions）。當移情在這關係中逐漸發展時，反移情也同時在發展，情感氛圍開始變得強烈。

　　　榮格這個人是極為敏感和直觀的，所以他很容易就捕捉到氣氛中的感覺。當移情發生時，他可以意識到非理性的情緒在

　　　　　　　　榮格心理分析的四大基石 ├────

這關係中變得愈來愈突顯了。但同時他也注意到，不是只有患者的情緒被激起而已。他自己的情緒也正在反應中。因此，榮格開始討論分析師對這氛圍的貢獻。情感不是僅僅來自於患者而已，也來自分析師。對於他第一個精神分析的患者薩賓娜‧史畢蘭，榮格覺得自己捲入了一種強烈的情感依戀中，一種情欲的友誼正發展著。他在與佛洛伊德的通訊中討論了這位患者，承認他明白了一些重要東西，是自己迄今為止都不曾想像過的「多位配偶（polygamous）的成分，儘管做過這麼多自我分析」。[7] 在他們信件往來的討論中，佛洛伊德提出了反移情這個名詞，並且承認在他的精神分析工作中也曾經遇到類似的 52 體驗。[8]

榮格與薩賓娜‧史畢蘭在一起的體驗是如此強烈，以至於他覺得這對身為專業醫生和丈夫的他來說很危險。這誘使他進入一種可能失控的關係裡。由於這樣的危險，才會普遍建議精神分析師的培訓應包括自己本身必須接受分析。對於精神分析師來說，理解這種專業關係中可能發生的情況，並親身體驗，

7　馬怪爾（W. McGuire）編，《榮格－佛洛伊德通信集》（*The Jung-Freud Letters*），頁 207。
8　同上，頁 231。

是至關重要的。榮格和佛洛伊德都意識到，反移情的根源在於分析者的無意識。這不是表面而短暫的反應；這是來自心靈的深層部分，而且如果使用得當，將會有很大的價值。分析師需要了解這種反應是來自於他們自己的內心深處，既要為這種最危險的心理治療方法安排一些防護措施，也要學會利用這反應來幫助患者。

在精神分析中，醫生和患者之間這種複雜的關係完全不同於其他醫學專業；在其他醫學專業，醫生是以天神阿波羅式的距離來對待患者，並且盡可能地避免捲入任何的情感。在精神醫學的專業裡也是如此，因為這是在醫院的醫療脈絡下進行的，醫生在對精神病患者的工作中，要在臨床上保持疏離的超然視角。而精神分析師則是從另一角度切入，因而成為關係研究以及關係如何幫助或阻礙心理健康的專家。當我們接受分析的關係是根植於這些投射，包括從患者到分析師的投射以及從分析師到患者的投射，也就為這個領域展開了更廣泛和更深入的理解。因為這樣，無意識可以投射到關係中的五花八門內容，我們現在能夠想像到了。

心理治療關係中一切可能的情形因此擴大了，然而這些擴展的內容並不是當年的佛洛伊德所認可的，因為這將為不屬

於亂倫或性的那些特徵打開了一扇大門,而這一切也就不符合他的伊底帕斯情結理論。佛洛伊德對某一種特殊類型的投射有著相當狹隘的關注,而榮格則提出人會投射無意識裡的任何東西,並且會迎向他者所拋出的「鉤子」。

最近,有些榮格分析師開始使用相互移情(mutual transference)一詞,而不用反移情。這樣的觀點認為,分析師和患者都是自由地向對方投射。而反移情這名詞則假定分析師是對患者的移情做出反應,是患者的移情優先出現的。但如果是因為患者的外表或是他/她舉手投足的方式,移情就先從分析師這邊發生呢?如果這不是對移情的反應,而單純就是來自分析師的無意識,是對患者提供的「鉤子」所做出的反應,而且很可能自己沒有意識到呢?對於這種投射,分析師因為所受的訓練而有能力仔細地觀察到,並且也可能很快意識到,因此能夠加以控制,不讓自己的這投射影響了與患者的互動。也許是在第一次的會談,甚至是最初通話的那通電話,對於這個未來將是他案主的人,產生了一定的感情。這些最初反應的觀察是非常重要的,這些是患者可能的移情體驗之前就已經出現的。

在這些最初的發現和榮格與佛洛伊德的討論之後,過了大

約二十五年，榮格應邀請到倫敦的塔維斯托克診所（Tavistock Clinic）做一系列的講座。他一開始講的是某個患者的夢，但聽眾們在提問中催促他同時也多講講移情，於是榮格調整了他的內容，根據前一晚在旅館信封的空白處潦草寫下的幾個要點，給了聽眾一場生動有趣的講座。他一開始是這麼說的：當沒有移情的時候，他總會因此很高興。這對聽眾來說是挑釁十足的說法，因為大多數的聽眾是佛洛伊德派的精神分析師，而他們賴以維生的論題正是移情。但在與許多患者的工作歷程中，榮格發現，移情和反移情對於想要深入無意識的分析師而言，會讓這一切變得困難，或是阻擋去路，或是形成障礙。榮格因此更喜歡在分析中應用夢和積極想像來工作，因為這相對是比較沒有移情的。但這真的可以做到嗎？他很清楚這其實是不可能的，他也因此在移情這一主題上做了一場分量十足的演講。

56　　一開始時，對移情的看法是有一個人，也就是患者，將所有情感的強度和情感的移情帶進了會談中。後來，人們認識到，其實有兩個人參與到這動力中，而且移情投射是雙方共同貢獻的。榮格在他的〈移情心理學〉（"Psychology of the Transference"）裡，提出了一張互動場域的圖示。這張圖顯示

了在分析師 A 和案主 P 之間存在著這場域的複雜性，而 A' 和
P' 則是指兩者各自的無意識：

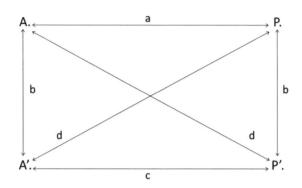

箭頭代表這關係場域的向量，所示如下：

(a) 分析師和患者之間意識對話的穹弧。

(b) 分析師和患者內部動力的穹弧。

(c) 分析師和患者之間無意識互動的穹弧。

(d) 相互移情／反移情投射的穹弧。

精神分析的領域就這樣轉向兩個人在高度互動的關係空間　　57
裡彼此交流的看法。

在所有關係中，最耐人尋味的部分是 c 弧。在 c 弧，兩

個心靈有了一次相會，而這對分析師和案主來說，都將是關鍵性的轉化。這是一種融合的關係，兩個心靈相遇並合為一體。他們形成一個新的、相互可用的自性感。而 c 弧的關係是強大且持久的。這裡產生了榮格所說的血緣力比多（kinship libido），一種彼此以準生物的方式（quasi-biological fashion）而有著深切關係的感覺。這在分析師和案主之間建立了持久的聯結，兩者皆參與了形成轉化的相互交易。

榮格在標題為〈現代心理治療的問題〉（"Problems of Modern Psychotherapy"）的文章中，寫到分析的四個階段。第一個階段是告解（confession）。在這個階段，分析師的位置是單純地收取和接納案主帶來的告解、祕密或陰影材料。第二個階段是闡釋（elucidation），這時分析師比較主動。分析師為案主的感受提供了解釋，譬如意識和無意識之間的衝突，或者案主和其周圍世界之間的衝突。這是心理解釋的階段。第三階段稱為教育（education）。分析師為案主提供幫助，讓他們能更好地了解自己，了解他們與外部世界的關係。而榮格文章中的大部分篇幅是在討論第四個階段，也就是轉化（transformation）。在這個階段，移情和反移情的關係變得非常重要。分析師這時比前三個階段都更深入地進入治療關係

58

中。分析師和案主兩人都是第四階段發生轉化的其中一部分。這是榮格在〈移情心理學〉中寫得最深刻的內容，他在文章裡詳細介紹了這種心靈合併的歷程。

　　榮格認為，如果真的要產生改變，對話則比單面向的詮釋來得更好。然而，如果要達到彼此可以對話的程度，則需要相當長的時間。如果移情和反移情的動力很強，就需要很長的時間先解決，才可能進行公開的交流，而這就是「對話」一詞的含義。這個過程需要從移情／反移情的動力，轉向成相互的交流。如果這一點變得可能，就是關係的發展已趨成熟的信號。這類的交流正是榮格說他更喜歡的，也因此他才大膽地表示，59如果沒有了移情，他會很高興。

一些實際的考慮

　　然而，移情可能是難以解決的，而心靈有可能扭曲到非同尋常的程度，往往會支持以投射克服現實的檢驗。將母親的意象投射到男性分析師身上，是很常見的事。年齡方面也是如此。當我還是年輕的分析師時，我有時會收到這樣的投射，認為我是個智慧老人。無意識所尋求和所需要的一切會投射到

分析師身上。如果無意識在尋求一位母親，不管是慈愛的還是負面的，就會將此投射到分析師身上，無關乎性別或年齡。如果無意識在尋求智慧老人，即便分析師的年齡不對，也會投射在他身上。當強烈的移情活躍起來，分析師必須做出決定：是試圖降低它的強度，甚至透過詮釋消除它，還是暫時**維持這移情**，因為這是患者目前需要的。有些分析師喜歡對移情積極地做出詮釋，認為這可以將意識帶入這關係之中，並且可以讓關係朝向對話的可能性。有些分析師則是出於尊重，尊重這個人在生命此特定時刻的無意識需求，而寧願維持目前的移情。

如果分析師將自己的情結帶入治療設置，讓情結進到關係之中，我們會建議分析師找人督導此案例。分析師需要對他們帶入治療中的內容加以修通，才不會因為自己的精神官能性或無意識的需求和投射，而扭曲了治療歷程。分析師同時需要接受訓練，要如何才能利用自己的反移情反應，來對患者有更多的同理，對患者可以更深地理解。心靈的溝通，包括意識和無意識的溝通，對分析工作來說都至關重要。然而，如果在關係中幾乎沒有移情或反移情的投射，這分析基本上就是停留在理性的層面。

分析師要牢記，投射到反移情中的無意識內容很可能會給

案主帶來創傷，這一點極其重要。在這一章的開頭，我討論了分析師和案主之間需要有合適的配對。有些時候，分析師並沒有提供合適的配對，事實上，這一點對案主來說是不利的。分析師過往的某一問題也許會由某位特定的案主觸發。這樣的分析當然不會有用，也不會有治療的效果。如果出現這種情況，我們需要好好決定，是否最好終止這個分析。有時案主自己必須決定：「這治療對我沒有幫助；其實是有害的。」如果是這樣的體驗，而且案主必須相信自己的體驗，案主勢必要停止與這位分析師的合作。問題是：要糟糕到什麼程度，才需要停止分析呢？在分析的過程中，有時會有非常困難的時候，關係變得相當衝突，但這可能是歷程中一個必要的階段。那麼，你要如何判斷呢？什麼時候才是夠糟了？當一個人離開會談時覺得這治療或分析真的很傷人或有毒，尤其是這情況連續發生好幾次時，我認為就是時候了。

　　有時會出現這樣的問題：究竟治療要持續多久呢？什麼時候該停止？[9] 有一些不同的方法可以用來決定什麼時候應結束

9　關於這問題的詳盡討論，參見亨利・亞伯拉莫維奇（Henry Abramovitch, 1950-）〈什麼時候是該停止的時候？當「足夠好」變成了「足夠壞」〉（"When Is It Time to Stop? When Good Enough becomes Bad Enough"），刊載於《分析心理學期刊》（*The Journal of Analytical Psychology*），66(4)，2021 年九月，頁 907-925。

分析關係。大多數的榮格分析師的經驗法則，正如我的其中一位老師約瑟夫・惠萊特（Joseph Wheelwright）曾說過的：「我總是讓案主來解雇我。我是不解雇案主的。」如果案主覺得自己從會談中受益，覺得自己變得更有意識，在心理或心靈上有所發展，並且希望繼續下去；而如果分析師健康狀況良好，不準備退休或搬遷，那麼這種關係是可以無限期地進行下去。我想我自己和案主合作最久的一位是三十年左右。典型的榮格式分析會持續二到五年。在這段時間裡，關係的質量和強度會有很多變化。這分析可能以大量的移情開始，然後逐漸消失並轉化為對話。新的能量會進來，也許是新的方案或新的感覺，並且隨著時間的推進，關係會繼續發展而變得成熟。關係不會保持靜態。

有一位學生曾經告訴我，在分析將近三年時，她和她的分析師都不確定是否要結束分析。她在一次會談的前一天晚上做了這個夢：「走進了分析的空間，一切如常，只是我的椅子被移開了，取而代之的是躺在地上的背包，已為了旅行完整打包好。我看了看站著的分析師。他示意我坐上他的椅子，那是房間裡唯一的一張椅子。」夢結束了。這讓他們兩人都明白，案主現在已經準備好成為她自己的分析師，在「生命的旅程」

中繼續進行自己的整合工作。有些時候夢會給出非常明確的暗示。當分析關係即將結束的時候，分析師會希望有一定的把握，確定案主可以繼續自己的個體化歷程。透過夢的觀察，進行積極想像，與朋友或伴侶建立起有意義而深刻的關係，如此一來，個體化就繼續進行著。

移情的類型

移情是投射的一種類型。投射可以分成許多不同種類，這裡我將討論其中的三種。它們每一種都可以在移情的情境下擔任某種角色。最太古的而且心理層面完全隱藏而從未檢視的投射類型，就是榮格所說的「神祕參與」（participation mystique）。這是主體和客體之間無意識的同一性（identity）。當一個人對另一個人有所投射時，他與這個人所產生的認同，成為兩個心靈雙胞胎般結合的同一性。在意識層面，這兩個人格之間於是沒有區別。當這種情況發生在移情中的時候，案主會覺得分析師和他們是一樣的：像雙胞胎，完全一樣。在這種移情中，如果分析師所說的或所做的與他們的想法或感覺不同，案主就會感到不安。當這種差異

64

出現時，案主會相當震驚。這就是所謂的孿生移情（twinship transference）。

第二種移情就是榮格所說的，將原型意象投射到分析師身上。當某些原型的東西投射到另一個人身上時，這個人就會變得比生命還大，不再只是一般人，就像我們對名流或公眾偶像的看法。他們更像是卡通人物，或者是理想化的男神和女神。當這種移情發生在分析中時，案主可能會覺得治療師無所不知，擁有巨大的力量。治療師有能力療癒或使人生病，並且具有超出想像的非凡品質。分析師在患者眼中，很可能像是偉大的父親或偉大的母親，是男神或女神，能力無窮，也沒有個人需求或煩惱，自足而不朽——至少是相當不同於普通人的。這可能會給關係帶來恐懼的元素，因為分析師是如此強大，他可以幫助你，治癒你，也可以真實地傷害你。而投射是如此原型而神聖時，畏懼的元素也就會悄然而至。這種移情稱為「理想化的移情」（idealizing transference）。

第三種類型的投射是源自於較淺層的無意識，就是個人無意識。這是一個人緣於個人史而擁有的情結或人物之投射。當這類型的投射發生時，患者對治療師的感覺往往非常複雜和矛盾。大多數投射的情結往往涉及早期的創傷經驗。一個童

年的個人體驗，也許是與母親或父親的，進入了移情。案主對分析師的感覺開始像是他們小時候對父母的感覺一樣。在這種情況下，對治療師的感覺取決於過去與父母的經驗，不論是正向或負向，特別是來自早期童年的。這類型的投射很容易變成所謂負向的移情。這將會產生懷疑或不信任的感覺，需要十分小心，否則治療師自己脾氣可能會爆發，變得氣憤。或者可能是案主童年時對父母充滿愛的感覺，但由於某種原因沒有被接納。這會使得案主想要盡可能接近治療師，甚至搬到治療師的家裡，與治療師一起生活，就像孩子和原生家庭一樣。 66

我們可以談談正向的移情和負向的移情。正向移情可以是非常理想化的、充滿愛和欽佩的；而負向的移情可以是憤怒的、恐懼的和懷疑的。這裡還有所謂的「鏡映移情」（mirror transference），也就是希望得到治療師像母親般的、支持的和養育的感覺。還有所謂的「情慾移情」（erotic transference），是想要融合的。這是希望與自己所慾求的對象在性愛上合一的移情，想要與分析師建立起一種愛的關係。

反移情的類型

　　移情有許多種類型，反移情也有許多種類型。首先，在反移情中要區分這究竟是穩定的態度，還是瞬間的反應。反移情態度是治療師對每個案例所採取的基本立場。這是分析師在接納前來治療的案主時，所呈現的專業立場其中一部分。分析師通常會在一段時間的實務工作中形成穩定的反移情態度，並且形成習慣。這態度是一種習慣，是接納案主一貫的方式。

67

　　我們至少可以想到四種反移情態度的基本類型。第一種是「母性反移情態度」（maternal countertransference attitude）。此一觀點是認為案主是來讓分析師涵容、抱持和養育的。這種態度的假設是，患者來治療是為了獲得同理和瞭解。採取這種態度的治療師以母親的立場來滿足案主，一種母性的方法。如果你是和一位有著母性反移情的治療師在一起，你會告訴他們最近你遭遇到的一切事情，他們會同理你，並且保證他們瞭解這一定是非常痛苦和受傷的。治療師可以是男人或女人，這一點並不重要。

　　然後還有一種對比的方式，這是基於父親原型的，也就是「父性反移情態度」（paternal countertransference attitude）。

這種接納患者的態度是帶有計畫和想法的，目標是生活如何邁向更佳的功能運作和更好的適應。這像是指令，奠基於會談中對權威和力量的主張。具有這種態度的治療師會認為，案主基本上需要的是幫助他們改變生活，讓日常的一切更加成功。這種假設認為案主接受治療是為了尋找方向或計畫。如果你的治療師有種家長式的態度，他或她可能會聽聽你的故事，然後問：「如果能夠重新再來，你會有怎樣的不同做法？」分析師可能會給你一些建議，告訴你哪裡犯了錯，並且試圖教你如何不再犯同樣的錯誤。具有父性反移情態度的分析師可能會表現成模範人物或老師。

第三種是「赫密士式反移情態度」（hermetic counter-transference attitude），這來自希臘神話中的神祇赫密士。赫密士是一位年輕的神，特別擅長於轉化和創造性的遊戲。具有赫密士態度的分析師認為，患者來訪的目的是為了轉化，一場改變的歷程，是為了學習如何在生活中更有創造力和享受遊戲的喜悅。在這裡，重點不是對感情的同理或是給予建議與指導，而是與患者一起遊戲玩耍，創造出可以自由夢想的氛圍。赫密士分析師就像魔術師或搗蛋鬼，他們會做一些意想不到的事情。赫密士分析師可能會在會談中說起一些看似完全不相干的

話，有些是腦海才剛浮現的，有些是剛剛才想像出來的。如果你是案主，你會因為這些話而瞠目結舌。在這情況下，人們會被逼著跳出自己習慣的思考框架。赫密士分析師可能會說一些讓人發笑的話。分析師這種做法是讓心靈有所震動。赫密士本身是風神。而赫密士分析師的不可預測是帶來愉悅的。我們永遠不知道接下來他們會說什麼或做什麼。

有時榮格也會是個赫密士的心理治療師。他偶爾也會來一場強烈的情緒反應，讓人因此震動，讓某些事情動起來，並打破某種習慣或某種古板的說話或思考方式。有一次，有個患者帶了個夢來見他，夢中有隻金色的甲殼蟲正在做一些不尋常的事情。榮格受到這一意象的吸引，而且就在聆聽這夢的時候，他忽然聽到背後發出聲音。他的房子位於湖邊，房子周圍有個花園，窗外有東西在敲打。榮格突然相當戲劇性地從椅子上跳了起來，推開窗戶，曲掌抓起一隻昆蟲。那是花園飛來的甲蟲，與夢中出現的聖甲蟲相似。他抓在手上，以戲劇性的口吻宣布：「這是你的甲蟲！」榮格做出這樣出人意料的動作，讓這位保守的年輕女性震驚不已。榮格將這樣共同發生的事件稱為共時性（synchronicity），並且認為這是治療中的一個轉捩點。這種出乎意料的赫密士姿態，讓患者的態度發生了轉變。

這打破思維方法的因襲模式，開啟了一條走向全新探索領域的
道路。

在這裡我要提到的第四種態度是「助產式反移情態
度」（maieutic countertransference attitude）。「助產式」
（maieutic）這個詞可以追溯到希臘語，指的是協助婦女分娩
的護士。當一個新生命、一個孩子誕生時，她是在場的。具有
助產態度的分析師在接案時，會假設案主是想要有一個新的開
始。他們想要誕生出新的未來、新的可能性，而分析師（不論
是男性或女性）將會幫助他們走過這個歷程。助產式心理治療
師的態度就是助產士的態度。助產士是在你即將分娩的時候來
到家裡的女人，協助你分娩和生產。這類型反移情態度對過去
的事情不太感興趣。這態度有興趣的是如何創造新的未來，並
且誕生出新穎而創新的態度、方向和想法——基本上就是將新 71
的能量輸送到案主已經陳舊的生命之中。

助產式治療師經常花上大量時間在夢上面，因為夢是未來
的子宮。它們包含了各種可能性的種子。這類型治療師可能也
對占星感興趣，因為占星學可以提供思考未來的符號，無論是
最近還是遙遠的未來。這種助產式分析師對長期追蹤分析案例
並沒那麼感興趣。助產士在那裡只是進行接生，並且將孩子交

給母親而已。當工作完成了，她也就了卻責任了。這樣的分析師通常是直覺型的，他們可以深入觀察無意識和未來；他們所做的一切可能像某種靈媒或是算命師。然而他們對撫養和照顧孩子的基本任務很容易就感到厭煩。他們的價值是在於孕育新的事物。

我記得多年以前有位法國女人告訴我一個故事。她在十八歲左右還是個年輕女子的時候，曾接受過榮格的治療。當時有位與榮格相當熟悉的朋友帶她去見他。朋友對榮格說：「我想麻煩你為這位年輕小姐做一次治療，看看是否能給她一些指導，因為她不知道該如何面對自己的生活。」那位女士告訴我，她和榮格只在一起一小時，他問了她一些生活上的問題。在他認真地聆聽了 30 或 40 分鐘後，他給了她答案。他看到了她的未來，並幫助她生下了這個未來。他說：「根據妳告訴我的情況，我可以看到妳注定要成為醫生，成為一名精神科醫師。是的，這是妳注定要做的事。」她告訴我，這次與榮格的會談改變了她的生命，給了她人生的方向。而那正是她所做的。我遇到她的時候，她已經五十歲了，是一位精神科醫生。那是一次重要的助產式療程。我不覺得榮格後來有對她進行長時間的追蹤。也許他偶爾會聽到她的消息，但基本上，那只是

72

一次性的治療。他給了她一個全新的想法和方向，接著她就得照顧自己，就像撫養孩子一樣。二十年後，她成熟了，成為榮格在她的心靈、在她的潛力中看到的那一個人。

　　熟練的治療師可以運用所有這四種不同的態度進行分析，取決於案主在特定時間的需求。對治療師來說，重要的是，如何意識到自己基本的反移情態度，並且加以反思。在建立基本的模式之後，治療師可以而且應該要變得更加靈活，願意嘗試其他的立場。

夢是通往圓滿的途徑

73　　　　榮格分析師非常重視與案主夢境的工作（也包括分析師
的夢）。夢可以告訴分析師和案主，在意識表面以下發生了什
麼。無意識是另外一個領域，有著自己的生命，而且它前進的
方向往往與意識世界發生的事完全相反。當一個人在睡覺時，
另一種思考類型正在發生，與清醒時所思考的不同。夢可以提
供我們重要的訊息，來了解自己內心正在發生的事情和未來可
74　能的發展。但除此之外，對分析要達到的結果更重要的是，夢
建立起通往心理圓滿的途徑。

　　　在佛洛伊德的書當中，榮格閱讀及消化的第一本書就是
《夢的解析》（ *The Interpretation of Dreams* ），當時他已經在蘇
黎世的伯格赫茲里醫院（Burghölzli Clinic）研究精神醫學了。
這本書普遍被認為是佛洛伊德最偉大的作品，已成為經典。榮
格立即被佛洛伊德對夢的敏銳洞察力及其所揭示的個人隱藏動
機和潛抑情感所吸引。因為如此，在他對患者的工作以及他對
自己生活的反思時，夢成為主要的考慮因素。從那時起，對夢
進行工作已經成為榮格心理分析的核心特色了。

　　　如果在社交場合遇見了人，譬如在餐廳或派對上與人攀
談時，詢問夢對他們而言是否有趣或是重要，大多數的人會說
他們不記得自己的夢，或說他們沒有夢。你可以告訴他們，

根據科學研究顯示，每個人在睡覺的時候都會做夢；事實上，所有的哺乳類動物都會做夢。是否記得這些夢，又是另一個問題了，但確實都是有夢的。那麼這個人可能會說：「那又怎樣？也許我真的有做夢，但我為什麼要關注這些呢？這有什麼用？」你可以這樣回答：「當然沒問題，但如果你不注意自己的夢，你就會錯過了你心智活動中相當重要的部分。夢是你在睡覺時的思考，難道你不會好奇，想知道自己睡覺時在想什麼嗎？」也許他們會變得好奇，並開始記下自己的夢。就這樣，夢的工作開始了。

　　如果再幾個禮拜後，當你遇到了這些人時，他們可能會告訴你：「我做了一些夢，並且記錄下來，但我不明白這些夢是什麼意思。它們是不是想告訴我什麼？」「是的。」我們可以這樣回答，並且會心地微笑。他們很可能會堅持自己的夢毫無意義，所以他們當然無法理解這些夢。我們可以這樣回答：「是這樣的，你的夢所說的是另一種語言，一種象徵性的語言。如果你想理解它們在對你說什麼，或說的是關於你的什麼，你就必須學會這種語言。」這就是對夢進行反思的開始。夢是在告訴我們什麼？要理解這些並不是那麼容易，但這就是榮格分析師必將接受的訓練。這就是所謂的「釋夢／夢的解

析」，這也是佛洛伊德這本名著的內容。

　　夢會有個訊息，但需要經由詮釋才能理解。這就是為什麼法老會要求約瑟[1]向他解釋究竟夢是在告訴他什麼。約瑟是個解夢天才，他對法老夢的詮釋使這片土地免於饑荒。榮格心理分析師是現代版的約瑟。人們帶著需要詮釋的夢來找分析師，希望讓夢彰顯其意義。這些詮釋可能是可拯救做夢者生命的訊息，或者至少是透過夢所提供的機會，對自性和他者有著更多的意識而能夠改善品質。

　　在這一章裡，我將討論榮格分析師如何在自己的實踐中進行夢的工作。首先，讓我們幻想一下：你要去拜訪榮格，進行一次諮詢。想像一下，你是從一位朋友或他以前的患者那裡得到榮格這個名字，而令你驚訝的是，他竟然接受了你的諮詢請求。而你也許是因為有些心理的衝突，或者正遭受憂鬱症之類的精神疾病折磨，因此才想與著名的榮格教授進行幾次分析會

1　譯註：約瑟是亞伯拉罕的曾孫、以撒的孫子、雅各的第十一個兒子。約瑟較為人熟悉是因為他十七歲時（創世三十七章），雅各為他製作著名的彩衣，以及他的解夢能力。之後同父異母的哥哥們因為嫉恨，而合謀將他賣給以實瑪利人為奴，而在法老守衛隊長波提乏手下做管家，但因波提乏的妻子欲勾引不成而陷他入獄。在入獄期間，他曾為同囚的酒政及膳長解夢，稱三天後酒政被釋放，而膳長則被處死，最後都應驗。隨後在他繼續監禁期間，酒政推薦他協助法老解夢，使得埃及能在幾年大豐收期間為之後的七年大饑荒先做好準備。後來迦南地區也發生饑荒，十名兄長前往埃及買糧，約瑟與已經改過向善的兄長相認，因此將家人接往埃及生活。

談。

當這一天來臨，第一次會談的時候到了，你走近他位於高聳樹林盡頭的房子。你面對的是這個令人印象深刻的入口。

門上有一塊刻著德爾菲克神諭的石頭：VOCATUS　77
ATQUE NON VOCATUS DEUS ADERIT（「無論禁止還是沒

禁止，神都是存在的。」）。

78　　　當你停下來讀到這句話時，你會問自己：我是在進入一間
神廟嗎？這句話是什麼意思，為什麼就刻在他的大門上方？你
拉了拉門邊的老式鈴鐺，僕人打開了門。你獲得允許，可以進
入榮格的房子。僕人引領你走上樓梯，來到第一層樓的圖書館。

　　　當你進入時，榮格歡迎你，引領你走入圖書館後面的小型
私人諮商室。他邀你在他對面的椅子坐下，有個角度面對他。
當你自在地坐下後，他仔細地看著你並且問道：「那麼，你為
什麼來見我？我能為你做什麼？你有困擾嗎？」榮格有著充滿
穿透力的眼神，你會感覺他直接看著你的靈魂。當他問了這些
問題時，你認為自己最好坦誠面對。你最好誠實地告知自己真
正的問題，以及為什麼需要他的幫助。

　　　你首先解釋自己的現狀：你在生命中的位置；你在哪裡遇
到難關而困住了；什麼是你目前覺得煎熬受苦的；你創傷和受

傷的過去史。簡而言之，你告訴他自己生命的故事。榮格認真地聽著，沒說什麼。你最後問說：「榮格教授，您可以幫助我嗎？您能給我任何建議嗎？我該怎麼做？」榮格看著你，靜靜地說：「你該怎麼做，該怎麼生活，我沒有任何想法。你這些重要的問題，我沒有任何答案。但如果你將你的夢帶來給我，我們可以一起研究，看看你的心靈是否有答案。如果其中有指引，那就是應該走的方向。」

這將是你第一次的會談，也是你和榮格教授進行分析的開端。重點是：你的夢說了什麼？也許你以前從未好好想過你的夢。也許你從不認為這些夢有任何意義或價值。然而知名的榮格教授說解決的方案是來自你的夢；不是來自於他，而是來自於你的無意識。所以他建議你們一起來看看，進入你的內心世界，看看你的夢在說些什麼。夢於是得以獲得處理和詮釋，成為心理治療進行的方式。

榮格對患者的夢所採取的處理方法，從來不是從科學上來進行研究；相反地，夢的工作是療癒靈魂的臨床實務。榮格有大量對夢的實務工作，包括分析和詮釋。他對夢的工作有著大量的思考，並且寫了許多有關這個主題的文章。在他之後的榮格分析師基本上都遵循他的指導方針和工作程序。這就是我們

現在要開始深入探究的主題，從夢的結構開始。

夢的結構

認為夢本身有其規律和可定義的結構，這個假設有待商榷，因為在夢自然的形式裡，或是做夢的人寫下或以錄音記錄下來的時候，夢往往看起來是混亂而迂迴曲折的。當一個人記錄下自己夢的片段時，他可能會突然又想起其他部分，而將這些和意識的心智放在一起，這些片段將採取一種類似敘述的形式。然而這個形式是由意識創造的，並不是夢的內在早就這樣安置了。即便如此，夢結構的考慮對夢的解釋也是有幫助的。榮格將夢的結構比作古希臘戲劇中古典劇場的片段，其中有場景的設置，有些角色出現了，有場戲開始了，慢慢發展成具有情感張力或衝突的故事，然後達到劇情高潮，最後以一個決議（resolution，或稱化解／lysis）結束。我將從結構的角度來討論以下這個夢。這個夢是做夢的人在醒來後不久寫下來的，以下列的形式交給我，而且同意我使用於本章中。

81

我人在雲端。淡淡的蒼穹，近乎燦爛的藍。乘著

雲我繼續往上升，直到遇見一位日本的長者。我的雲就停留在他坐著的那朵雲下面。他披著絲綢衣袍，溫柔地把一枚戒指遞給我。這枚戒指顯然特別珍貴。戒環是由黃金箍成的，中間有顆白色的珍珠，而珍珠的周圍飾有一圈不規則形狀的祖母綠，其中一顆延伸到圈外。我們沒有開口，而是藉由心靈感應交流。我問他是否確定要讓我拿走這枚戒指。那人表示他確定。然後我注意到，戒指戴在我手指上特別大。我看了看戒指的內側，看到上面有一數字8，烙印在金屬環的側邊，看起來像代表無限的標誌。我說：「這太大了，我恐怕需要長到這裡面去。」他微笑搖了搖頭，幾乎笑出聲了；我的說法似乎讓他覺得十分有趣。他表示：「別擔心。」

這夢結構的第一部分是場景設置（setting），這部分說明⁸²了夢發生的地方。在這個夢中，所在的地點是顯著而具體的：「我人在雲端。」

當人們來會談並講述他們的夢時，通常會以這樣的話開始：「我在海邊……」或者：「我在一間屋子裡，正四處

張望，有些人和我在一起。我想那是我妹妹，也可能是我妻子。」說了這些以後，他們才開始講述故事。所以在一開始，是先能感覺到自己在哪裡：「我人在雲端。」分析師於是從這一點切入，開始與案主一起想像這個夢，先通過場景設置而進入他們的夢境。在開始對某個夢進行工作時，知道這個人身處何地是很重要的。在雲端這樣的情況，應該會有一種非常特別的感覺，分析師會注意到這一點，並與做夢者一起想像置身在這夢的場景中。

再下一步是確定劇中的人格角色（Dramatis Personae），也就是夢中出場的人物。當我們去劇院時，先購買表演的節目單，在戲劇或歌劇開演前先閱讀，裡頭通常會提供關於這劇將會從什麼地方開始的簡要描述，並且附上角色名單，也就是劇中的人格角色。也許只有幾個人物，像契訶夫的劇作；或是像莎士比亞的戲劇那樣有一大堆人物。然而，不論哪一種情況，我們都可以在一開始就知道脈絡和人物卡司的陣容。而夢的報告，一開始可能不是很清楚，因為隨著故事的展開會有新的人物出現，但到了最後，我們可以將夢中出現的卡司陣容整理出來。通常有一個幾乎在夢中肯定會出現的人物，這個人是我們所說的「夢的自我」（the dream ego）。這是做夢者的代表，

他是以「我」的身分在說話，就像前面的那個「我人在雲端」的夢。大多數夢會有兩、三個主要的人物，而在這個夢中有兩個：「我」和一位日本的長者（做夢者當時年近四十歲）。在某一些夢裡，可能會有一大堆人，但主要的人物數量通常相當少。

再過來我們開始考慮夢裡出現的行動。夢的敘事開始了，隨著發展，故事慢慢展開，這些人物開始扮演他們的角色。在前面的夢中，那個被描述為衣著優雅、坐在附近雲朵上的日本長者，可以發現他的位置比「我」高一點。他向她伸出手來，給了她一枚戒指，而她接受了，儘管是有些困惑和猶豫。隨後有了一些交流，有個訊息傳遞了，而她的許多疑惑隨著長者幽默的風格和智慧的建議而平息。在這個夢中，行動有限但直接。我們在分析會談聽到的許多夢有更多的行動，經常會從這一場景轉移到其他場景，同時也包括不同人物彼此之間的複雜互動。

84

在有關行動的敘述當中，通常到了某一刻，夢會出現高潮或危機，或是出現了某個轉捩點，而做夢者告訴你一切突然改變了。也許是劇中所描述的問題獲得了解決，也許是夢沒有任何的化解（lysis）就中斷了。在我們的這一則夢當中，解決方

法是明確的：做夢者接受了戒指，以及對未來成長的承諾。當夢中出現這一類的解決之道時，做夢者會感覺到結束。夢的歷程已經找到方法，來化解這例子中戒指過大所提出的難題；夢同時也能解決這禮物的大小和適切性所形成的問題。有時，人們在還沒有解決方案之前就醒過來，一切也就懸置了。他們不知道故事會如何結束，也不知道會得到怎樣的結果。但一個完美架構的夢，一個完整的夢，會顯示出解決之道。它會帶給人一種整個想法已經完成的感覺，無論這結果是圓滿的還是悲劇的。

在劇院裡，演出結束後會有個短暫的停頓，然後演員走出來，鞠躬，接受觀眾的掌聲。於是觀眾在離開劇院的時候，會有一種代入感，感覺自己有了一場體驗，也許是威脅，也許是綺麗，也許是驚悚，也許是深刻。這就是一個人做夢醒來後的感覺：有事情發生了，我們確實有了一場體驗。有時這讓人印象深刻，甚至像上面的夢一樣讓人感到神聖而敬畏，有時感覺又像只是一個沒有特別意義的小故事。榮格曾經談過大夢和小夢。大夢會給你一種「哇」的感覺！在我的夢中世界非常重要的事情發生了！這就是上述那一則夢對做這個夢的年輕女子的影響。

在分析中的夢工作

現在我離開夢的結構了，開始更具體地討論榮格分析師如何與案主對夢進行工作。如果你去找榮格做分析，他一定立即就問起你的夢。夢是他對患者工作的核心重點。二次大戰後，當分析師的培訓課程陸續在蘇黎世、倫敦、紐約和其他地方建立起來以後，課程普遍都包括對候選人的個人分析。這種對個人分析的強調一直持續至今。學生們透過與訓練分析師一起分析他們自己的夢，來學習如何在分析中進行夢工作。然而，他們也在接受督導的情況下進行案例分析，這是他們學習與夢工作的第二個脈絡。然後是有關夢分析主題的講授課程。在培訓的過程中，候選人要學習三種不同環境下與夢有關的工作：自己的個人分析，對他們分析工作的督導，以及夢分析的課程。

1969 到 1973 年，我在蘇黎世接受培訓，成為分析師。當時的做法是，在接受每週兩次的分析時，我們每次都要帶上一份寫下的夢紀錄。我們接受的培訓不僅是為了成為分析師，也要學會記住我們的夢並詳細地寫下來。我們將最近的夢紀錄交給分析師，並且保留一份副本做為自己的紀錄。這是我們在整個培訓過程中形成並且持續的慣例。然而，當我們開始與案主

一起工作時，我們經常會遇到一個問題。

案主不會像我們這樣有良好的訓練，他們不知道該帶一份他們夢的副本來給我們。我們因此必須學習，如何才能從案主那裡引出夢來進行分析。事實上，有些案主很少做夢，所以我們必須準備好在沒有夢的情況下進行分析。但是對於榮格心理分析來說，能夠透過夢來接觸到無意識，是相當重要的優勢。夢提供給我們的訊息是案主在完全處於意識的情況下無法提供的。

在分析中進行夢工作的第一步是建立夢的文本。案主帶來一個夢，從準備好的筆記中讀出來，或是從記憶裡再喚起。在那一刻，分析師瞥見了做夢者的無意識心智。分析師可能會問一些關於這夢進一步細節的問題。有些分析師會在這方面花相當多的時間。例如，在上述的夢當中，分析師可能會問：「妳可以更詳細地描述一下這枚戒指嗎？」「那個日本人看起來多大年紀了？」分析師可能會問關於夢的場景設置、整個環境，還有其他人物相關的細節。

88　　一旦文本確定和澄清了，第二步就是建立**夢的脈絡**，榮格稱此為「夢深植其中的組織」（the tissue in which the dream is embedded）。夢的背景脈絡包括案主對夢意象的個人聯想，夢

發生的前一天相關的記憶（「白天的殘餘」），以及做夢者當前的生活狀況。佛洛伊德在精神分析中進行夢工作時，運用一種他稱為「自由聯想」的方法。做夢者會回憶起夢境，然後自由地聯想有關夢的各個部分。夢基本上是根據這些聯想來進行詮釋的，而這過程或多或少讓夢本身還是留在脈絡中。然而榮格對這個方法並不十分滿意，因為他發現自由聯想經常是重複的，而且所有的夢都是圍繞著同樣的那些情結。他發現，如果任由患者以這種方式自由聯想，他們就只是單純回到原本占據白天清醒生活的那些情結和執著罷了。此外，夢本身也掉入了背景內部，看不到它的重要性。在他看來，這不是解夢，這只是對棲居在個人無意識中的這些優勢情結所做出的詮釋。他認為夢本身具有的訊息是原創的和來自他者的，甚至是來自無意識更深層的啟示。因此他設計出對夢的工作完全不同的方法。　89
夢究竟想說什麼？什麼是它想要傳達的？相對於自由聯想告訴他的東西，榮格對夢的訊息和方向指引更感到興趣。

　　然而，榮格分析師確實也會要求對夢的某些部分進行聯想，但他們總回到夢實際的敘述和意象。有關夢的所有聯想都被逐一收集。這些聯想可能是指向最近發生的事情。也許這個夢最後看起來像是對前一天發生的事情所做的評論，因為所有

的聯想都指向這一點。但我們必須始終牢牢記住，夢是來自於一個人特定的生命體驗。這也就是「夢深植其中的組織」。在前面這個夢裡，做夢者對「日本」的聯想是「家，一個安全的地方」。這個聯想指的是身為白人的做夢者在童年時充滿安全感的家，是布置成日本風格的。而對那位日本人，她的聯想是「古老的智慧」。她曾經因為學習和旅行而接觸過日本的詩歌和藝術。對於珍珠，她有相當多的聯想，與她的工作有關，也與女性品質有關。黃金和祖母綠暗示著高品質和價值。這樣的聯想可以幫助我們創造出這個夢的脈絡，對於分析者後續要解釋這個夢很有幫助。

　　一旦這一步完成了，夢發生過程的個人脈絡也就確立，下一步便是**放大作用**（amplification）[2]，而這點是榮格分析特有的。放大法是針對這些化為夢的符號加以揭顯出心靈的原型層面。這在世界各地的文化、宗教、神話和童話中都可發現相似之處。這是對夢的脈絡進一步填補和深化。在上述的夢境中，「珍珠」、「戒指」、「祖母綠」、「無限符號」和「數

2　譯註：amplification 一般翻譯成擴大作用，但譯者認為在本書譯成放大作用或放大更適合。放大作用是榮格解釋臨床和文化材料時，尤其是夢的詮釋方法之一。放大透過使用神話、歷史和文化的相似之處，使內容被澄清並且更加豐富，可以說是提高原來可能晦澀、單薄和難以處理的材料的音量。

字 8」這些意象都是可以放大的豐富主題。舉例來說，珍珠一般是與月亮和大海有關，代表了原型的女性特質。同樣地，祖母綠也與女性特質有關。金戒指帶有的數字 8 是無限符號的形式，代表了與智慧人物（阿尼姆斯）永恆的聯結，而這位智慧人物就是將禮物帶給做夢者的人。如此一來，在夢意象的周圍放大後的聯想也就聚集成豐富的群，而夢和心靈的原型層次也就得以連接了。這就是放大作用的目的。放大是一個額外的聯想層次，因為分析師受過較廣泛的訓練，所以經常是來自分析師這邊的，雖然不一定如此。案主也可以根據自己的經驗和學習，對夢中的意象進行更多的放大。基本上，解夢本來就是彼此合作的。

放大作用可以增加夢的脈絡，也可以將原本遠離象徵的人們帶回到象徵的歷史裡。接著分析和詮釋的重點必須從放大作用的廣泛領域，再回到這個夢和做夢者本身更聚焦也更具體的面向。這種走出去然後再回來的過程，構成了了解夢的詮釋圈（hermeneutical circle）。

現在，我們來到處理夢的歷程最後的一步，就是**詮釋**本身。我們在確定文本之後，接著收集個人對夢各個面向的聯想，並且放大夢中的象徵，這時我們必須問：這個夢對做夢者

究竟意味著什麼？為什麼會在這個晚上做了這個夢？到目前為止，我們有關這個夢而做的一切是有趣的，但最終我們必須回答意義的問題。

92 　　榮格提出他有關夢的理論，榮格分析師經由這個理論來思考夢的意義。「……夢和偶發的幻想裡所出現的意象是象徵，這是對仍然未知的或找不到意識的事實最好的表述方式，一般都是對意識內容或意識態度的補償。」[3] 這理論假設夢對意識有某種補償關係。這個有關夢的理論是建立在一個更大的心靈理論之上，認為心靈是會尋求均衡和協調的。心靈出現不平衡的狀態是可能的，確實也是典型的，需要加以糾正。不平衡之所以會出現，是因為心靈的組成是安排在一個兩極的網絡裡，或者就是榮格所說的「對立面」（opposites）。自性，做為代表整體心靈的詞語，是由許多組對立面組成的：男性特質／女性特質、善／惡、陰影／人格角色，以及其他等等。意識在發展其認同感時，會在對立面當中選擇一方來認同，而拒絕另一方。這也就造成了一種不平衡，意識於是處於中間線的其中一

93 邊，形成榮格稱為單面向（one sidedness）的情況，而無意識

3　榮格，《神祕結合》（*Mysterium Coniunctionis*），CW 14，§772。

則處於另一邊。自我意識於是認同也代表對立面的其中一邊，而對立的另一邊則被留在無意識當中。這時，心靈必須在對立面之間創造一種均衡和協調的狀態。人們在某一程度上是可以單面向並且逃離這一切的，但如果他們太過了，就會成為神經症（neurotic），承受嚴重的內心衝突，並且和他們自身的重要部分完全脫節。這種發展的最終結果就是，夢做為一種補償而進到意識中，並且試圖創造出更好的平衡。

補償理論指出，大腦進行中的夢是幫忙帶來我們需要的「圓滿性」（wholeness，也可以稱平衡／ aka, balance），也帶來遺漏在意識之外的部分。夢提供了機會，讓對立面之間擁有更好的平衡，同時也在自我意識和無意識之間創造更大的平衡。

榮格本身對道家的哲學非常感興趣。在所謂的道之中，陰和陽是以對立面之間相互作用的原則來運作，彼此不斷互動和影響，形成能量的流動和方向。

94

補償原則在意識和無意識之間運作，這就是對兩者之間關係的描述。

因此，如果要解夢，我們有必要多了解一些關於案主的意識態度和身分認同感。其中一種衡量情境的方法是類型學的。究竟它們是外傾還是內傾的？感官、直覺、感覺和思考這四種功能，哪一種占主導地位，而哪一種是次要的？另一種衡量標準是心理發展：在個體化歷程的終身軌跡中，案主目前是處於什麼位置？夢的詮釋者需要清楚地了解案主單面向所在的狀況，才能清楚夢是如何對這個位置進行補償。對於前面那位提供這夢的人來說，夢的訊息是和她目前的生命處境有關。對於這個夢，她覺得這位智慧老人送來一份「畢業禮物」，恭喜她成功地度過艱難的中年危機。對女性特質和對承諾的這些強調，似乎指出了個體化的未來方向，這將彌補做夢者過去對兩極（syzygy）中阿尼姆斯這一側所投入的認同。

我們通常很難從單一的夢看到個人的意識是如何補償的。如果出現一整個系列的夢，補償的意義往往會變得更為明顯。這位夢見收到鑲著珍珠和祖母綠的戒指禮物的人後來又做了第二個夢，更是強調對女性特質的重視。

我在一個完全由玻璃打造成的單一房間裡。這房間毫無間隙地緊緊貼著山的峭壁，我看不到山頂。我一人獨處，光著身體，自在而舒適。透過房間的地板向下望，可以看到樹林、海洋和陸地。我對那些樹記得特別清楚。我也看到房間遠處的牆有個玻璃浴缸，裡面滿是冒著氣泡的溫水。我像個孩子一樣翻進了浴缸，開始玩起水來。這有療癒、淨化的感覺。一位日本男性長者走進了房間。我完全不會忸怩不安，立刻知道他是位善良而溫和的人。他走到了浴缸前，舉起一塊滴著油的布。陽光從外面射進來，一束光照亮了那塊布和油。我記得自己望著油慢慢滴入浴缸。有人告訴我，要用這種油來沐浴，這是粉紅木槿花的油。我可以感覺到油就在我的皮膚上，太陽的溫暖貼上了我的身體，而水在我周圍旋轉著。然後，一位日本女性長者走進房間。她端著一個漂亮而精緻的竹托盤。托盤上有幾碟看起來十分美味的食物，還有許多糕點，但全都是我不認得或以前沒見過的。她靜靜地把托盤放在浴缸旁的地板上，對我笑了笑。然後那男人和女人全退到房間外，消失在峭壁之中。

做夢者對這個夢的聯想是純真、童年和療癒。這是重生之
97　　夢的其中一種,榮格稱其為**復原**(apoctastasis),一種回歸到
最初的完整狀態。木槿花油再次強調了女性特質。第二個夢有
助於我們確認所要補償的領域:回歸到原型的女性特質,好讓
這特質在個體化的下一個階段,可以更充分地整合到自我意識
裡。

客觀和主觀的詮釋

解夢的另一個考慮是決定要客觀詮釋還是主觀詮釋。**客觀**
詮釋指的是周圍世界真實的關係;**主觀**詮釋指的是心靈的內在
世界。夢的補償作用可以是對一個人和其他人之間關係客觀層
面上的單面向所做出的回應;也可以是對一個人內在之主觀層
面的單面向所做出的回應。當然,這兩者之間是密切相關的,
事實上甚至是相互交織的;但為了達到分析的目的,我們通常
會加以區分。一般的經驗法則是,如果一個人夢到了他或她目
前關係中的某個人,那麼這人就會將夢中的陳述視為對目前關
係中那個人的回應,不然就是會從主觀的層面解釋。

98　　　在客觀的層面上,這夢可能暗示著一種補償,用來幫忙調

整對待他人的意識態度和行為互動，顯現出因為投射減少而更能得到平衡的反應。而這個夢，很可能就是在表明一種因為投射減少而更能得到平衡的態度。人們一般傾向於認為夢中出現的熟人就是那些人的準確代表，然而，他們當然不是。夢中的人物並不是客觀的真實人物，而是做夢者對這個人的描繪。不能把夢中人物的作為或言談當作來自真實本人的言行。夢訴說的是做夢者與夢中人物的關係。雖然我們認為這是一種客觀的詮釋，但相當程度上還是涉及了主觀層面。

如果對夢的詮釋是主觀的，那麼夢中的所有部分，包括所有的人物，甚至是夢中的場景設定，都是做夢者內心世界的畫面，其中當然也有一些是參考外部世界的，但這還是內在心靈現實的隱喻或象徵。以下的夢是來自一位八十多歲的婦女，顯然需要在主觀的層面上解釋，但其中也提到一位真實的人物，雖然早已去世了。

　　這夢分成兩個部分。在第一個部分，我從一個高於這一群人的位置來觀察他們（我相信是七個人）。我看到他們腰部以上的部分。眾所周知，他們全是非常有天賦的人，就像莫札特之類的。我收到的消息 99

是，他們之所以有天賦，是因為他們是與大圓圈裡的小圓圈相連，而這圓圈正是他們天才的泉源。由於有了這樣的聯結，他們才能做出所做的那一切。他們偉大的創作不是因為與生俱來的才能，而是因為他們與源頭的聯結。

在夢的第二個部分，我與這些人物位於同一水平線上，但我只能看到這群人的腳，也許是同一群人。他們穿著由金銀製成的特殊涼鞋，因此可以流暢地行走，而他們的腳似乎是平穩地懸浮在地面上輕輕滑行。我被他們的涼鞋和運動深深吸引，心裡想：「這就是煉金術！」然後，我父親出現了，有人表示：「他是十分有天賦的人，但最難能可貴的是他是如此謙遜。他從不為自己所做的或促成的任何事邀功。」

我醒來了。我起床的時候天色還是暗的，我確信父親就在屋子裡。雖然他多年以前就去世了，但現在他就是在這裡，或者說，此刻我和他在他的世界裡。

關於這個夢，很顯然表明主觀的詮釋。這個夢論及創造力的源泉（自性），還有對立面的結合（銀和金在拖鞋中的結

合）。這是一個奇妙的夢，顯示了自我透過相對化來促成自性的發展。其中所強調的美德是謙遜，完全不同於傲慢（自戀的自我主義／利己主義）。做夢者與她父親的關係並沒有得到補償或修正，因為她對父親一直有很高的評價。在夢中，他是原型父親的象徵。做夢者出生和成長在歷來皆貶抑女兒的父權文化中，經歷過差辱的對待。在父權制文化裡，父親擁有充滿驕傲的地位，而很少關注到女性特質。夢中的父親反而展示了父親形象的另一面，他是個有創造力的人，同時謙遜地承認有個更偉大的創造力量和創造來源，也就是自性。自性做為創造力的源泉，會由大母神這樣的意象代表。在這個夢裡，這意象只是個圓中的圓，是曼陀羅的核心。

在主觀的層面上，夢被認為是象徵的。象徵是無意識內容或無意識歷程的表現，而不是指已經知道的東西。在這個意義上，象徵與符號是不同的，因為後者指的是明確的、已經知道的客觀對象或想法。一般來說，榮格和追隨他思想的榮格心理分析師對夢的象徵性詮釋比客觀的詮釋有興趣。部分是因為榮格認為，在現代的社會裡，大多數人都單面向地傾向於具體而客觀的世界，與象徵的一切失去了接觸。

101

心理類型

　　在夢分析的工作中，另一個考慮因素是心理類型，包括做夢者和分析師的心理類型。可能發生的情況是，案主自己雖然只記錄一個夢或一個幻想，卻十分滿意。如果做夢者是感官型的，他或她會阻抗進一步的解釋。做夢者希望在夢的文本中依然能保有感官功能，並且在夢文本的層次繼續享受這個故事。感官型的人將關注夢中有關顏色、質地、地點、意象質量等等的細節，並且單單在這個層面上享受夢就十分滿足。榮格稱這樣的情形為**審美**態度。雖然收集這些感官訊息，來確認文本並且建立對夢中意象的覺察，無疑是很重要的工作，然而榮格分析師們往往不想僅止於此一階段。這只是解釋的第一個階段。

　　另外有些人主要是運用思維功能來解釋他們的夢。他們會用像是自我、陰影、阿尼瑪、自性、補償等觀念，抽象地討論這個夢。當他們以這種方式理解了夢，就會感到滿意，並認為自己已經完成了這夢的詮釋工作。思考型的人則會立即跳進詮釋的階段，搞清楚夢是如何補償意識的，然而這樣他們往往就會忽略一些細節，疏於提出更重要的問題，而這些問題往往會透過感覺和直覺呈現出來。對於這兩種情形，榮格這樣寫道：

有一種經常發生的情況，就是患者雖然僅記錄一個夢或幻想，就十分滿足，特別是那些對自己的**審美**頗為自負的人。接下來他就會極為反對……**智力上的理解**，因為似乎這樣的理解會對他心靈生命的現實造成侮辱。還有一些人則試圖只用大腦來理解這一切，並且想跳過……實踐的階段。而當他們有了足夠的理解以後，會認為自己已經完成了他們所有該實現的部分。[4]

感覺功能引入了這個問題，關於夢在做夢者生活當中究竟有何價值。做夢者對於無意識的內容，是否有種感覺的關係？而正是這個感覺功能將夢與價值聯結在一起，並且將倫理層面的意義帶進夢的工作。而夢對做夢者又提出了什麼樣的倫理問題？有趣的是，佛洛伊德在《夢的解析》中分析了自己的夢，這造成了他自己面臨嚴重的倫理問題。他對自己的夢所進行的反思，是針對在他清醒生活當中原本是無意識的這些隱藏的動機和陰影的衝動，讓這些逐漸進入意識。

4　榮格《移情心理學》，CW 16，§ 489。

人們經常會以為倫理只是個簡單處理就可以的問題，比方說遵守生活中各種特定領域相關行為的規則和法規：商業、婚姻關係、政治等等。每個專業都有自己的倫理準則和規定，指導所有的成員應該如何正確行事。如果有了違反的行為，就會受到法庭之類的機構所執行的懲罰。然而，我們這一切所關注的，是感覺功能的察覺所帶來的價值，這是不同於對客觀之行為準則的服從。這一點將良知帶入了考慮範圍。在榮格的表述裡，感覺功能是一種與價值觀有關的理性功能。這是用心思考，而不是用腦思考，正如帕斯卡（Blaise Pascal）[5] 所寫的：「心有它的理性，這是理性本身一無所知的……我們對真理的認識，不僅透過理性，還透過心。」榮格表示：

> 人們對無意識的內容應該有種**感覺關係**，這點對他們來說似乎很奇怪，甚至很荒謬。……感覺總是將人與象徵性內容的現實和意義綁在一起，而這些象徵性內容反過來又強化了具有約束力的道德行

5　譯註：布萊茲・帕斯卡（Blaise Pascal, 1623-1662），法國哲學家、科學家和思想家。1654 年末一次信仰上的神祕經歷後，專注於沉思和神學與哲學寫作，是堅定的詹森教派信徒，受蒙田影響甚深。宗教論戰之作《致外省人書》被奉為法文寫作的典範，去世後所遺留的筆記被編為《思想錄》。

為標準，因此唯美主義（aestheticism）和唯智主義（intellectualism）都非常願意讓自己從這些標準中解放出來……煉金術士認為，傑作不僅需要實驗室的勞動、書籍的閱讀、冥想和耐心，還需要愛。如今，我們將可以談論「感覺價值」，可以談論透過**感覺**的實現。[6]

　　感覺型是指一個人不是以理念，而是基於某些價值觀做為基礎運作──正義、悲憫、對他人的尊重、對自身的公平等等。透過感覺功能的運用，夢的解析可以考慮到夢的倫理意義。這表示我們對夢不只是要欣賞它的美或智慧，還要欣賞它帶來的倫理訊息，最終是夢對一個人如何生活的實際意義。感覺功能有助於整合夢的實際意義。在金戒指的這個夢裡（見前文），感覺功能會考慮做夢者要如何才會需要成長到接受戒指所暗示的這個關係，也就是承擔起愛的倫理任務。這個夢提供了志業的方向。

　　最後，當我們考慮夢的意義時，還需要發揮直覺的功能。

6　同前註 4。

關於這一點，榮格寫道：

> 透過感覺的實現不是最後的階段。……第四階
> 段是期待著哲人石的出現。第四種功能是直覺，如果
> 沒有直覺，任何實現都不可能完整。直覺的想像力活
> 動對可能性的預期是顯而易見的，而這可能性的完成
> 絕對不是實際經驗的目標。……直覺帶來展望和洞察
> 力；它陶醉在不可思議之可能性的花園裡，彷彿這一
> 切都是真實的。……這塊楔石將工作中的完滿經驗化
> 為個體的整體性體驗。[7]

直覺功能展望未來，考慮著有關這夢走向何方的問題。從心理學的角度來考慮，這夢的目標是什麼？榮格用「想像力活動」（imaginative activity）這個詞語來描述直覺功能的工作。積極想像可以運用在夢上頭，將夢帶入某個空間，在這空間裡，人們可以細想夢依循怎樣的軌跡投向未知的未來。而這個夢又將如何適用於一個人未來可能經歷的各種生活情況？夢境

7　同上，§492。

對做夢者生活可能的意義範圍，經由想像力得以擴展和延伸。榮格還用了「不可思議之可能性的花園」這一詞語，來形容直覺可以引導我們前往的地方。

分析中的夢系列

當一個人開始分析時，分析師會問案主，是否有任何夢要討論。此外，分析師通常會鼓勵案主在分析過程中，為自己的夢做筆記或寫日記。夢的系列就是這樣開始建立起來的。我們從榮格在《心理學與煉金術》（*Psychology and Alchemy*）中，如何解釋沃夫岡・保利（Wolfgang Pauli）的夢系列，可以看到這個結果。隨著案主對自己的夢生活參與愈來愈多，並且開始定期地記錄夢境，有時他們會想起更早以前童年的夢，或是看到反覆出現的夢，這些也會成為夢系列的一部分。

在分析時，在夢系列湧現以前，分析師會先收到所謂的「初始的夢」（initial dream）。初始的夢是要抱以特別的興趣和敬重來面對的。通常的情況是，當人們回顧案例的整個歷史時，往往可以看到所有的重要議題和主題以早期的形式呈現在初始的夢當中。我們可以將初始的夢視為給分析師的禮物──

108 這夢正告訴著我們：「這就是當我們介入這心靈時所要處理的問題。」在初始的夢之後，一週又一週、一月又一月，一直到整個分析過程中的夢構成了夢系列的內容。

當分析師在會談中收到夢時，他們會把夢放在之前的夢的脈絡中。一段時間以後，主題湧現了，人物也重新出現了，於是這系列顯示了案主在這段時間內逐漸展開的個體化歷程。榮格發現，在同一系列中的夢並不只是一次又一次地重複完全相同的問題和結果，而是顯示了進步和發展。榮格認為這發展是由個體化的本能所激發的；個體化促成了心靈的開展、整合、發展，而成為它原本潛在可能的樣貌。

榮格提出第二個理論，我們可以說這是關於無意識的補充理論（supplementary theory）。第一個理論是，無意識補償了意識，特別是意識的單面性；第二個理論是，無意識有一個目標，而榮格稱之為「前景」（prospective）。無意識有一個以

109 人格的發展為目標的方向。這就是個體化本能。夢促進了這個歷程。單一的補償動作是為心靈**最終的目標**而服務的，也就是潛能的充分實現。

積極想像是
轉化的媒介

111　　　積極想像在榮格分析中扮演的重要角色，是榮格自己親自確立的。它的核心地位源自於榮格個人的體驗。這有部分描述於《回憶、夢、反思》第六章，標題名「與無意識的對峙」。這一章的標題就清楚表明，在面對自我意識和身分認同這一邊，以及無意識本能和原型力量的另一邊，兩者之間的心靈分裂時，積極想像所發揮的作用。榮格在自己的對抗裡如何使用積極想像的整個故事，全都詳述於《紅書》裡。這本書在創作

112　將近一世紀以後，方於 2009 年出版。在榮格有關患者治療的實務工作裡，積極想像發揮了核心的作用，因為這是相當有效的轉化媒介。如果能結合分析中的這些夢，就可以證明，如果我們要創造出可以促進案主個體化的最大治療促進力，積極想像就是其中的關鍵所在。我在前面第二章已討論過，涵容這歷程的容器就是分析關係（聖區／ the temenos）。

　　　在仔細說明積極想像做為一種治療方法之前，先簡單描述一下這究竟是什麼，會有幫助。積極想像是一種自我對內心的戰鬥（self engagement）形式，需要有意識地將心靈能量內傾地投入。在積極想像裡，一個人的關注、聚焦、思想和感覺的方向都朝向內部可能出現的意象。外傾性是將一個人的注意力引向四周的世界，內傾性則是朝向內部的世界。在通常情況

下，每個人一天當中的大部分時間都是在外傾模式下度過，關注著周邊世界的事物。但有時這樣的情況會改變。比方說，如果你去參加一場音樂會，十分仔細而全神貫注地聆聽樂音，你所察覺到的一切實際上只是空氣中的振動，而這些振動進入你的耳朵，再轉化為腦波。你的注意力是集中在這些由外傳來的聲音上面。然而，有時，當你聆聽音樂時，可能會在自己的腦海裡，在你的內心世界裡，開始看到意象，或可能看到某些顏色或某些類型的動作。這稱為聯覺（synesthesia）[1]。或者在你的幻想中開始出現一些風景或一些原先認識的人。如果你開始注意自己腦海中正在發生的一切，你就會從外傾模式變為內傾模式。外傾是聽著聲音，而內傾是關注聲音如何影響你。在你的內心世界，音樂正在創造著情感、意象或想法。

做夢是純粹的內傾。當一個人做夢的時候，他排除一切而全然地體驗自己的內在世界。這是純然表徵的領域（realm of pure reprsentation）。事實上，有些哲學認為，我們所能體驗

1　譯註：聯覺（synesthesia），又譯成共感覺、通感或聯感，是一種感覺現象，指的是某種感覺或認知途徑有了刺激，會導致第二種感覺或認知途徑的非自願體驗。聯覺感知的意識往往因人而異。舉例來說，一種普遍的聯覺形式，稱為「字位→顏色聯覺」（grapheme–color synesthesia）或「顏色─字素聯覺」，其中字母及數字被認為具有固有顏色。

的只是我們的內心世界，而我們認為的外部世界則純粹只是心智的建構。然而心理學有一種強烈的信念，即我們的各種感官和心智功能確實給了我們關於外部世界的印象，雖然這印象不全然準確。我們在內心世界和外部世界之間做出了區分，儘管人們對這兩者的認識是彼此糾纏，而且往往因為投射而很難分開。積極想像是在清醒狀態下，想要盡可能深入地參與心靈的主體性，而刻意的內傾努力。這也是冥想的一種。

　　在做夢（見前一章）和積極想像之間，我們可以做些比較。積極想像類似於做夢，然而這是主體在清醒且完全有意識的情況下進行的，因此對整個框架是可以控制的。做夢是大腦進行著思考，但卻是透過意象和故事，而不是經由邏輯。積極想像和這個非常相似，運用的是意象和故事，而不是有方向的思考。在夢中，我們討論的是夢自我（dream ego），而夢自我對敘事的參與可能是主動的，也可能是被動的。在積極想像裡，主體自我（subject ego）也可以是主動的或被動的，但這是經由選擇而決定的。主體選擇積極地參與這個經由想像而正在發生的戲劇，或者選擇當個安靜的觀察者；但即使是觀察者，主體也是主動的，因為這是主動選擇的，而不像白日夢那樣只是被動地觀看。當榮格寫到積極想像時，他強調了**主動**

（active／積極）這個詞，以便將其與被動（passive／消極）的幻想區分開來。構成積極想像的這兩個詞都很重要：這是想像，也是主動的，不是被動的。

榮格對積極想像的發現

察看積極想像這方法的歷史和發展，以及榮格如何發現並運用到自己身上，然後又如何將其應用到患者的臨床工作，將會很有意義。在榮格還沒與佛洛伊德斷絕關係的最後一年，他寫了一本名為《無意識心理學：力比多之象徵和轉化的研究》（*Psychology of the Unconscious: a study of the transformations and symbolisms of the libido*）的書，後來這本書的修訂版成為《轉化的象徵》（*Symbols of Transformation*），即《榮格全集》第五卷。在這本書中，榮格分析了一位名叫芙蘭克・米勒（Frank Miller）的年輕女性一系列的幻想。她是美國人，在歐洲旅行了一段時間。這些幻想素材發表在一本瑞士雜誌上，榮格發現這些材料後產生興趣，對這些幻想的心理背景做了大量研究。基本上，他利用世界上不同傳統和不同地區的許多神話，來放大米勒小姐的意象。他還研究了相當廣泛的文學作品，以便

放大芙蘭克·米勒記錄在她的日記中的那些被動幻想的深層含義。

在《無意識心理學：力比多之象徵和轉化的研究》第一章，榮格寫到兩種類型的思維：幻想思維（fantasy thinking）和定向思維（directed thinking）。幻想思維是指他在米勒的日記中發現的那些內容，而定向思維則是更有邏輯、理性和科學的思維，是榮格在討論這些材料時所使用的。他受的是科學家和醫生的訓練，所以當他開始進行自己的研究時，他認為定向思維遠遠優於幻想思維。幻想思維被認為是不成熟的，就像孩子的玩耍一樣。孩子們玩玩具，編故事，假裝自己是一個與自己不同的角色，這些一般都是以幻想思維進行。相對於成年人的定向、邏輯思維，這通常被認為是幼稚的。後來，榮格進一步思考幻想的意義，並且從心理學更深層的角度來研究幻想，而這個方式也就是他日後稱之為原型的角度。當他開始理解幻想思維的更深層次時，他對幻想思維有了新的認識，並且確實因而著迷了。事實上，幻想思維表達出定向思維無法企及的真理，一種心理學的真理。

在那本書出版後不久，他和佛洛伊德結束了兩人的親密關係，榮格同時也辭去他在國際精神分析學會（International

Psychoanalytic Association, IPA）主席的職務。榮格在《回憶、夢、反思》裡寫道，在人生的這個時候（這時他是 37-38 歲），他感到迷失了方向，不知道對他的生命和專業生涯應該採取什麼樣的方向。他知道定向的思考和試圖以理性弄清楚不會有什麼幫助，所以他決定自己嘗試實驗，做米勒小姐所做的事情，就是開始遊戲及投入幻想思考。如果不採取自我的定向思維來理性解決問題，這樣的思考會是什麼樣子？這是他的第一個問題。榮格沒預料到這個實驗將成為他人生的一個重要轉捩點。他發現原來積極想像可以是一種轉化的媒介。他開始為自己發現用想像力思考意味著什麼，而他發現了自己。

在實驗開始之前，榮格在幾個月內做了好幾個重要的夢，全都出現在他積極想像的實驗以前。他的結論是，如果透過想像力的運用，也許可以解開這些用理性方法無法解釋的夢境的意義。榮格開始敘述這個故事時，回憶起一個夢，這是他開始幻想實驗的一年前左右所做的夢。在夢中，他正坐在家裡的一張圓桌前，而突然之間，一隻白鳥飛進房間，就棲息在桌子上，然後神奇地變成了一位小女孩。榮格整個人著迷了。這女孩相當迷人，他於是開始跟她說話。然後突然之間，她又變回一隻白鳥，飛出窗外，消失在視線外。他在夢中問了某個人：

「那個小女孩去哪裡了？她住在哪裡，那隻白鳥？」而回答是：「她住在亡靈所在的地方。」榮格不明白這是什麼意思。這個同時也是一隻鳥的小女孩究竟是誰？亡靈之地是在哪裡？這一切又是什麼意思？

一年以後，在 1913 年十一月，榮格做出決定，當一天的工作完成了，再與家人在庫斯納赫特（Kusnacht）的家中共進晚餐以後，他每天晚上要花一些時間待在自己的書房裡。他空出一段特定的時間留在書房裡，專心地做這個實驗，透過幻想思維的運用來觀察它會引領到哪裡。他打開自己的心扉，在想像中向俯瞰蘇黎世湖的窗戶外面，開始呼喚：「我的靈魂，你在哪裡？你聽到我嗎？我說話，我叫喚你——你在嗎？我回來了，我又在這裡了。我抖掉了腳上的各地塵土，我回來找你。我就在你這裡。經過多年漂泊，我又回到你這裡。」[2] 然後他就只是靜靜坐在那裡，也許每天晚上一到兩個小時，持續好幾個月，他讓自己的想像力去探索向他開放的內心世界。他想找到「亡靈之地」，找到他的靈魂，找到心靈隱藏的深處。他的想像力引導著他，終於為自己發現了所要尋求的答案。積極想

119

2　榮格，《紅書：讀者版》（*The Red Book: Liber Novus*），頁 127；中文版由心靈工坊出版，頁 114。

像是一種體驗，而透過使用這種方法獲得的知識可以稱為靈知（Gnosis）[3]。

　　一開始，這種朝內的方法對榮格來說非常緩慢和困難。有好幾個晚上，什麼都沒有發生，什麼都沒有出現在他的想像裡。他等得有點不耐煩了。在這期間，正如榮格在他的筆記（黑書）所寫的，他彷彿置身於沙漠中，乾燥而貧瘠；他呼喚著自己的靈魂，但什麼都沒出現。毫無動靜。幸運的是，他堅持不懈，繼續等待。最後，一個被他稱為靈魂的人物對他說話了。一直等到第十二個晚上，他寫道：「深處之靈打開我的眼睛，我瞥見了內在，我靈魂的世界。」[4] 這是一個持久忍受的問題，就像穿越沙漠的旅行。

　　他環顧四周，在這個想像的空間裡，發現自己站在洞穴 120 的地面上，腳踝深陷在泥土裡。現在他可以開始探索山洞的內部，因而變得活躍。這是他**積極**想像的開始。當他環顧四周時，看到一塊發光的紅色石頭就在岩石的上端。他靠近想要看

3　譯註：靈知（Gnosis）在希臘文中指的是「知識」，該詞普遍用在古典時代的各種希臘宗教和哲學中。後來諾斯替主義以其含義來命名，因而為世人所知。靈知於是代表著某種靈性知識或對神聖本質的洞察力，可以將人類內在的神聖火花從塵世存在的束縛中解脫出來。

4　榮格，《紅書：讀者版》，頁147；中文版頁114。

仔細一點，當他這樣做的時候，他開始聽到尖叫的聲音。而當他將水晶拿在手裡時，他看到岩石上還有一個洞，可以窺見地底下的冥界。他聽到洞裡的深處有一股奔流不息的水聲。榮格被這些聲音和意象驚呆了，對於自己的想像中發生的一切感到十分驚訝。（驚訝是積極想像非常重要的特徵：有些人事物的出現，是主體完全沒想到的。自我無法負責，而無意識的意象開始顯示出它們的自主性。）當榮格窺向深處時，他看到了令人非常不安的東西：一顆血淋淋的人頭，還有一具漂浮在水上的屍體。然後他看到一隻巨大而黝黑的聖甲蟲，以及一個透過黑暗的水面光芒四射的太陽。血液突然開始從洞口湧出。榮格不知道這個體驗意味著什麼，也不知道如何解釋。他只是在日記中做了紀錄，寫下他看到的、想到的和感覺到的一切。但他不清楚其中的含義。然而，從神話的研究中，他知道這是典型招魂（Nekyia）[5] 歷程的一部分，就是前往地下冥府的旅程。利用積極想像而進入無意識的心理狀態，與神話中到地下冥界旅行的描述，兩者之間的平行關係是顯而易見的。

121

5　譯註：在古希臘邪教的實踐和文獻中，nekyia 或 nekya 是一種「召喚鬼魂並詢問未來的儀式」，也就是死靈術（necromancy）。nekyia 不一定與觀落陰（katabasis）相同。兩者雖然都提供了與死者交談的機會，但只有觀落陰才是希臘羅馬神話中幾位英雄的行徑，也就是前往地下冥府的實際旅程。

榮格心理分析的四大基石

在閱讀《紅書》時，我們必須牢記，榮格沒有專業的嚮導來安撫他，也沒有人向他解釋他所經歷的過程的意義。事實上，他是很孤獨的，有些時候會擔心這個實驗究竟會將他帶到哪裡去。他最後會不會精神崩潰？他會不會因此而「陷入精神分裂症」？他焦躁困惑著。他本身是一位經驗豐富的精神醫學家，明白所謂的精神疾病是什麼模樣。因此，他開始擔心自己是否有潛伏性精神病的可能，一直潛伏在他無意識中，隨時可能衝破他自我意識的圍牆，使得他暫時失去工作能力。他曾在醫院見過有這類幻想的患者，這些幻想和他自己在私人辦公室的體驗一樣。這是個相當嚴重的問題。

　　而另一方面，他很高興他的想像起作用了，有些事情正在發生，而他也因而感到驚訝。他的想像力開始變得有趣和活躍。在考慮他的選項以後，他決定繼續這個實驗。

122

　　在拜訪洞穴的一星期以後，他來到一個場景，在其中遇到兩個人物：一位看起來像古代先知的老人，還有一位美麗而眼盲的年輕女子。他們身邊有一條黑蛇。隨著這次的相遇，《紅書》中第一個主要的故事於是展開了。先知介紹自己是以

利亞，而女子是讓榮格感到驚訝的莎樂美[6]。在他們接下來的互動和對話中，一段引人入勝的敘述形成了。這段情節持續出現在連續五個晚上的積極想像中，時間是 1913 年 12 月 21 日至 25 日。榮格發現他們也生活在亡靈之地（the Land of the Dead），這是他先前夢到的那位女孩的故鄉，也是他想像實驗一開始時所尋找的地方。這片土地就是他在心理學理論的著作中所說的「無意識」。這裡是神話的來源。他已經找到了源頭，而且他開始發現他個人的神話。

這兩個人是誰呢？莎樂美和以利亞是《聖經》中的人物，所以他們早就死了；然而在目前生活的這片土地上，他們依然生氣蓬勃。榮格逐漸發現，這塊亡靈之地是文化歷史的一部分，現在也是集體無意識的一部分。這段漫長的過往依然還活

123

6　譯註：以利亞，天主教譯為厄里亞，是《聖經》人物之一。根據希伯來聖經中的《列王紀》，以利亞是一位先知，他名字的意義為「耶和華是神」。以利亞出現於公元前九世紀，他依照神的旨意，警告亞哈王，如果繼續崇拜偶像，神將審判以色列而出現旱災；在經歷三年的旱災後，以利亞透過獻燔祭，確認哪邊敬拜的神才是真神，並解除了三年旱災的窘境。而莎樂美（Salome）是《聖經》中的人物，千百年來一直是基督教世界文藝作品的重要主題，她是羅馬皇帝尼祿安插的小亞美尼亞國王阿里斯托布盧斯的妻子。在《馬太福音》裡，希律王為他兄弟腓力的妻子希羅底的緣故，把約翰拿住鎖在監裡。到了希律的生日，希羅底的女兒莎樂美在眾人面前跳舞，使希律王歡喜。希律王就起誓，應許隨她所求的給她。女兒被母親所指使，要求「請把施洗約翰的頭放在盤子裡，拿來給我。」希律王於是在監裡斬了約翰。

著，並在心靈內部活躍。這使他認為，在無意識裡，時間並不是像在意識中那樣地存在。在無意識中，過去、現在和未來，彼此之間的區別被打破了；所有的一切都是同時在場的。當我們觀察榮格的舉止，以及他如何與這些人物互動時，我們可以看出來，他自己仍然是一位受過教育的二十世紀歐洲人。從他的提問、爭論和思考中，他還是保持他本人的態度。他並沒有變成虛構的，和他平時清醒時的人格也沒有什麼不同。在他活躍的想像力當中，他正在和一些人物打交道，而這些人物是他的一部分，從內在世界的意義來說是屬於他自己的，然而對他而言卻是不熟悉的，代表了在他意識之外的態度和觀點。在《紅書》裡，我們可以觀察到，榮格如何透過好幾年積極想像的實踐，逐漸經歷了深刻的轉化。然而，不僅是他自己的變化和發展，與他互動的人物也在發展。有一個相互轉化的歷程在進行，在這個歷程中，心靈所有部分都受到影響，因為他們彼 124此之間有了對話和互動。

這情形發展到某一時刻，榮格對自己內心所發生的事情是如此印象深刻，因此決定創作我們現在所知道的《紅書》，並將其命名為《新書》（*Liber Novus*）。榮格對自己積極想像的敘述有關的意義進行了深刻的思考，而且持續相當長的一段

時間。他除了反思這一切對個人心理的意義以外，還將積極想像做為一種治療方法，開始運用到臨床患者身上。1916 年，從開始實驗大約三年以後，他在心理學俱樂部（The Psychology Club）向學生和同事發表了一篇題為〈超越功能〉（'The Transcendent Function'）的論文。在這文章裡，他描述積極想像的實務操作，並將這工作的結果描述為在自我意識和無意識之間構建起一座橋梁。「超越」這個詞語的含義是，所升起的高度是高於心靈兩側之間的深淵。「超越功能」使意識的心智超越了理性的定向思維的限制，並且將自我與心靈的另一領域連接起來，從而提供可稱為直覺的知識，或是「靈知」。榮格逐漸明白，定向思維無法將自我與無意識連接起來。定向思維可以研究無意識的影響，正如榮格和他的同事早期在詞語聯想研究中所做的，以及佛洛伊德在他的精神分析中所做的，但僅止於研究，所體驗的範圍也就僅限於意識。而積極想像可以將主體進一步帶入亨利·科賓（Henry Corbin）[7] 所謂的「意象世

125

7　譯註 5：亨利·柯賓（Henry Corbin, 1903-1978），法國巴黎高等教育學院的伊朗研究教授、伊斯蘭教哲學家。在《伊斯蘭哲學史》（1964）中，柯賓駁斥自伊本·魯世德之後在穆斯林中流行的哲學觀點，使得整個伊斯蘭哲學的研究轉向。1949 年，柯賓在瑞士的阿斯科納首次參加艾諾思年會（annual Eranos Conferences），從此與榮格深交，彼此有很深的影響。柯賓著作甚豐，其中《榮格、佛教和蘇菲亞的道成肉身》（*Jung,*

界」（Mundus Imaginalis），他繼榮格之後，從他對蘇菲主義的研究中擴展積極想像的運用。

榮格心理分析中的積極想像

想像一下，你跟榮格約好要做分析，踏入他的辦公室，見到他。第一次會談是介紹性的。你講述你的故事，列出你的主訴和問題，而榮格仔細聽著，但沒有說太多。然後，他鼓勵你在參加下一次會談之前先做兩件事：記錄你的夢，並開始練習積極想像。如果他這樣對你說，這將是一種真正的讚美：這表示他判斷你有能力做這種內在工作。他已經很快地對你做出評估，也診斷了你心理的穩定性和能力。在會談結束時，他實際上這樣說：「你已經準備好和我一起工作和進行分析了。」從這以後，你將開始一段非比尋常的內傾工作時期。

如果你是和榮格進行分析，在兩次會談之間你將進行大量的工作。這些工作不是僅僅在分析的那一小時內；這是在這次分析和下次分析之間持續進行的密集工作。榮格在他的晚

Buddhism, and the Incarnation of Sophia: Unpublished Writings from the Philosopher of the Soul, 2019）於死後才發表；《意象世界》（*Mundus Imaginalis*）亦為其著作。

年，是以這樣的方法和大多數患者一起工作。他的客戶大多是年紀成熟的人，其中有些人已經進入人生的後半段。如果榮格是以這種徹底參與的方式與你一起工作，他會假設你已經不需要前半生那些非常必要的工作，包括：建立自己的人格角色，走入自己的生活，從原生家庭獨立出來，創造強大的自我。他認為你已經完成這些人生的功課了。許多找榮格合作進行分析的人，往往在相對很短的期間內完全沉浸其中。他們來到蘇黎世，和他進行幾個月的分析，然後就回家了。他的許多患者是住在瑞士以外的國家。當他們和他在一起時，往往會以內傾的方式將自己完全地投入，透過對自己的夢所進行的工作和對積極想像的參與，讓自己接觸到無意識裡的人物或形象，來體驗並且建立自己的內在世界。這是他們生命當中非常特殊的一個時期，因為榮格協助並引導他們發現自己內心深處的一切。

　　一旦在積極想像以及對夢進行的工作得到進展，他們就可以繼續進行這些活動，不一定在分析中才能進行。當他們結束瑞士的旅居生活而回到家鄉以後，他們在榮格那裡學會的工作可以自己繼續下去。積極想像幫助他們能夠離開分析師而獨立。這可以促進持續中的歷程。他們已經發展了某些技能和能力，能夠獨立地與自己的無意識保持具有創造性和豐饒的關

係。一般來說，榮格的患者在來見他以後，就會開始積極想像的工作，或許在他們日後的歲月裡都會繼續這樣做，也許偶爾回來再見見他。如果跟榮格重逢，他們也許會回顧在這段時期自己的一些經歷。然而榮格認為，學會積極想像讓他們擺脫對他的移情和依賴。這讓他們在沒有與他積極進行分析時，有能力獨立繼續自己的內在工作。

美國的約瑟夫·亨德森（Joseph Henderson）在二十世紀 128的二〇年代來到蘇黎世，當時還是一位年輕人，接受榮格的分析一段時間。當他完成了在蘇黎世和倫敦之間所進行的培訓後，他搬到舊金山，最後在那裡與他的朋友兼同事約瑟夫·惠萊特（Joseph Wheelwright）建立了榮格研究中心。約瑟夫·亨德森曾經告訴我一些他在庫斯納赫特的經歷。當時他住在離榮格的家和辦公室不遠的一家旅館。他每個禮拜都要步行到榮格的家中進行幾次會談。他說，在黎明時分，自己來到旅館的屋頂平台上，看到其他人坐在那裡進行著有關夢的工作和積極想像。他說，你可以從這點判斷旅館裡哪些客人在與榮格進行分析工作。如果他們坐在平台上寫日記、畫畫，甚至閉著眼睛，顯然正在進行積極想像時，他們一定就是榮格的患者！這些人正在為下午或晚上與榮格的分析時段做準備。亨德森告訴我，

與榮格一起工作而不進行積極想像，是不可思議的。這是一種
基本的分析方法。

這就是積極想像成為榮格心理分析四大基石之一的原因。
129 這是接觸到無意識，建立超越功能，在心靈的意識和無意識兩
者之間建立起橋梁等工作的基礎。

榮格在他出版的著作和專題研討會裡，討論了幾個他分析
的案例，許多案例都包括大量積極想像的內容。在 1930-34 年
的「異象專題研討會」（The Visions Seminar）中，他研究了克
莉斯蒂安娜‧摩根（Christiana Morgan）[8] 積極想像的素材。這
位美國婦女在二十世紀二〇年代前來接受分析，後來回到波

8　譯註：克莉斯蒂安娜‧德拉蒙德‧摩根（Christiana Drummond Morgan, 1897-1967），美
國藝術家、作家和哈佛大學業餘精神分析家。她是美國心理學家亨利‧默里的情人，兩
人以共同創作主題統覺測驗而聞名。摩根晚年酗酒，因而意外溺斃。摩根對榮格心理學
著迷，1920 年代成為紐約市內向／外向俱樂部的一員，後來前往蘇黎世找榮格分析。
當榮格遇到摩根時，認為她是完美女性的體現，她的角色是偉人的繆斯女神。在榮格積
極想像技巧及其他影響下，1934 年摩根與默里共同開發了主題統覺測驗，這是一種投
射心理測試，由一系列圖片組成，展示給受測者，要求他們為每張圖片編出故事來，引
出其幻想。在早期開發中，許多圖片是由摩根設計的。她原本是該測驗的第一作者，
1941 年測驗改稱為「摩根—默里主題統覺測驗」，後由哈佛大學出版社於 1943 年出版
時，作者又變成「醫學博士亨利‧A．默里和哈佛心理診所的工作人員」。隨著時間進
展，摩根的照片以及她的合著身分都取消了。後來在女性團體的指控下，默里在 1985
年表示是「摩根要求刪除她做為 1943/1971 TAT 的資深作者的名字，因為她不喜歡履行
學術回應的義務」，然而摩根已經去世，無從求證。

士頓，在那裡與亨利・默里（Henry Murray）一起創造了主題
統覺測驗（Thematic Apperception Test, TAT）。榮格也在《心
理學與煉金術》（*Psychology and Alchemy*）一書中，以相當大的
篇幅介紹了物理學家沃夫岡・保利（Wolfgang Pauli）[9]一系列
的夢境和積極想像。保利在二十世紀三〇年代來找他分析。
另外，他還寫了一篇題為〈個體化歷程的研究〉（'A Study in
the Individuation Process'）的重要文章，論述克莉絲汀・曼恩
（Kristine Mann）[10]博士的積極想像和繪畫。曼恩是美國的精

9　譯註：沃夫岡・保利（Wolfgang Ernst Pauli, 1900-1958），奧地利理論物理學家，是量
　　子力學研究先驅之一。1945 年，在愛因斯坦的提名下，他因保利不相容原理而獲得諾
　　貝爾物理學獎。保利不相容原理涉及自旋理論，是理解物質結構乃至化學的基礎。1930
　　年年底，保利離婚並提出微中子的假說之後不久，出現嚴重的神經衰弱症。保利拜訪了
　　與他同樣住在蘇黎世附近的榮格。榮格開始深層分析保利的原型夢。保利成為榮格最優
　　秀的追隨者及合作者。他使用科學方法討論榮格理論中的認識論問題，一定程度上影響
　　了榮格共時性的觀念。榮格與保利之間的許多討論都記錄在兩人的通信中，這些信件後
　　來集結在《原子與原型》一書中。榮格對於保利的 400 多個夢的詳細分析全都記錄在榮
　　格的著作《心理學和煉金術》中。

10　譯註：克莉絲汀・曼恩（Kristine Mann, 1873-1945），是美國的教育家和醫生，對職業
　　女性的健康特別感興趣，也是北美精神分析早期的執業者。在瓦薩學院教英文時，曼恩
　　與她的三個學生嘉莉・芬克（Cary Fink）、伊麗莎白・古德里奇（Elizabeth Goodrich）
　　和愛琳諾・貝爾汀（Eleanor Bertine）建立了終生的友誼，她們和曼恩一樣，在分析心
　　理學的早期歷史中發揮了重要作用。1920 年，貝爾汀前往英國倫敦開始與康斯坦斯・
　　朗（Constance Long）一起進行分析。康斯坦斯・朗是第一位遵循榮格方法的英國精神
　　分析師。朗曾在榮格位於庫斯納赫特的家中與榮格一起學習；這次相遇導致曼恩和貝爾
　　汀從 1921 年到 1922 年前往蘇黎世接受分析。然後她們回到紐約，在那裡建立了自己的
　　執業所，是美國的第二和第三個榮格取向心理治療的地方。她們成為榮格的堅定追隨

神科醫師，在二十世紀二〇年代來找他學習，並每隔一段時間就回來，一直堅持到四〇年代去世為止。

做為積極想像之治療效果的一個例子，沃夫岡・保利的案例很有教學上的啟發意義。保利是蘇黎世聯邦理工學院（ETH）的教授，當時榮格也是那裡的教授。保利的父親是維也納的一位教授，建議保利向榮格教授諮詢當時他個人生活中遇到的麻煩，而保利也意識到自己需要幫助，所以他開始找榮格進行分析。榮格與他進行了會談，建議他最好是與榮格的一位女弟子先做分析，因為保利在與女性的關係上出現了很多困難。其次，因為保利和榮格都屬於同一所大學的教授，在角色上要分辨清楚可能會有困難。所以，榮格將他介紹給艾爾娜・羅森鮑姆博士（Erna Rosenbaum）[11]。羅森鮑姆於是接

者，定期前往歐洲參加他的講座，並繼續進行分析。1924 年榮格的傑出弟子瑪麗・埃斯特・哈丁（Mary Esther Harding, 1888-1971）從英國移民到美國而加入了他們，形成了紐約榮格學圈。1936 年榮格前往緬因州貝利島舉辦貝利島研討會，這是他在美國「夢象徵」（Dream Symbols）研討會兩部分中的第一個。第二部分稱為紐約研討會，於一年後在紐約舉行。這次研討會討論的做夢者，是著名的物理學家沃夫岡・保利。這些研討會後來發表在榮格全集第 12 卷《個體夢象徵與煉金術的關係》（*Individual Dream Symbolism in Relation to Alchemy*）。1936 年，他們創建了紐約分析心理學俱樂部，並積極領導那裡的訓練項目。曼恩在 1945 年去世時，將她的私人藏書捐給俱樂部，這是克莉絲汀・曼恩圖書館的肇始，現在這個圖書館擁有全世界分析心理學最豐富的館藏。

11 譯註：艾爾娜・羅森鮑姆博士（Erna Rosenbaum, 1897-1957）出生在德國西南部萊茵蘭－普法茲，繼承了她家鄉的特徵——如酒神般的熱情。她的快速直覺把握和她的靈

手了對保利的分析，大約進行了九個月，這個期間產生了一系列令人印象深刻的夢和積極想像，然後他把這些夢境和想像提供給榮格用於他的研究標的。榮格在他的評論中所分析的就是這些素材。在與羅森鮑姆分析之後，他繼續與榮格分析了大約十八個月，之後他們的關係發生變化，以通信和偶爾會面的形式繼續討論理論話題，偶爾也討論保利的夢。

大約十八年後，在 1953 年，保利發表了一篇名為〈鋼琴課〉（'The Piano Lesson'）的文章，這是一篇長約十頁的積極想像。文中顯示了保利在自己內心的兩個部分之間如何創造出一種平衡與和諧。透過這樣的積極想像，他找到了方法，能將131他的理性、科學天賦和聰明才智，和他的情感生活、他的阿尼瑪世界及無意識，結合起來。他以鋼琴做為比喻，白鍵和黑鍵一起工作，因而創造出樂曲。我們可以說，保利透過積極想像的運用和與自己的夢進行工作，能夠在對立面之間取得相關的平衡和整合，而這種內在的和諧對他的生活和工作是至關重要的。

性，使她成為許多人信任的朋友。在二〇年代初羅森鮑姆接觸了分析心理學，後成為一位分析師，從屬於倫敦分析心理學會。羅森鮑姆沒有留下任何分析心理學的書面著作或發表，她認為她的工作是與她的患者「一起生活」，她最深刻的貢獻是本書提到的保利個案，其中的夢素材成為榮格著作《心理學與宗教》的基礎。

榮格發現保利的夢和積極想像的材料非常吸引人，因為保利十分有天賦，非常用心地詳細記錄他的夢，對意象和異象的處理也非常出色。根據紀錄，他對積極想像是相當投入的。以保利這個案例來說，我們可以發現夢和積極想像會以穩定和明確的方向一起前進，邁向榮格所說的心靈的融合和超越功能的發展。保利意識到這些分析所帶來的結果之一，就是對他的生活產生了相當大的治療效果。只要持續觀察自己的夢並進行積極想像，就能夠與自己的無意識保持一定的接觸，他就會感覺情緒穩定、充實和平衡。在他後來的日子裡，一直都繼續這麼做。

　　克莉絲汀‧曼恩博士提供了一個互補的案例。這位美國女士在二十世紀的二〇年代來找榮格分析，當時大約是五十五歲。曼恩是頗有成就的單身職業女性，是一位在紐約市執業的精神科醫師，當時她覺得有必要以一種完全不同於以往的方式來與自己的無意識進行工作。她覺得生命困住了。她來找榮格，希望能為她的生命和個體化歷程中找到一條前進的道路。榮格在她死後出版的〈個體化歷程的研究〉（'A Study in the Process of Individuation'）中，評論了曼恩在與他進行分析當時和之後所畫的大約 20 幅畫。

當年她來找榮格分析時，帶來的第一幅畫是一個女人困在岩石中。而第二張圖片出現了閃電，一塊大鵝卵石因此從碩大的岩石中釋放出來。這幅畫代表了所潛抑的都得以釋放和自由。曼恩透過繪畫熟悉了積極想像。這是觸及積極想像的方法之一：手拿著畫筆伸向紙張，讓意象出現在紙張而可以看到，不再只停留在想像中。當曼恩將這些畫帶給榮格，他們把這些當作積極想像的產物來討論。她告訴榮格這些圖畫對自己的意義，以及這一切是如何出現的。她說在某一刻，她決定不再遵循「理性」，而是讓自己的「眼睛」來引導，讓「眼睛」告訴她如何呈現意象。就這樣，這些湧現的畫面讓她很驚訝。

在她和榮格一起工作大約十年的期間所創作的圖畫系列，代表了她在意象上的個體化歷程。她與榮格於瑞士工作了幾個月以後，回到紐約，仍繼續繪畫。當夏天時她再回到瑞士，繼續與榮格工作幾個星期。就這樣大約二十年間，她創作了一系列美麗的畫作，其中許多是曼陀羅的形式。榮格對這些畫的評論是這樣寫的：他看到個體化的歷程透過她積極想像的繪畫所產生的意象，一步一步地向前發展。她的歷程是透過顏色和形式而完成的，大多是抽象的意象。這是她積極想像的形式，而且是具備轉化性質的。

在分析中使用積極想像的一些預防措施

在引介積極想像以前，分析師需要告知案主一些預防的措施。分析師必須明白他目前所見這個人的心理狀況，仔細評估案主的發展程度和精神病理程度。積極想像可能是非常強而有力的方法，也可能是充滿破壞性的，因為這刺激了無意識，而且在這歷程中湧現的意象可能令人心神不寧，就像我們在榮格的《紅書》裡清楚看到的。如果自我的強大程度不足以涵容意象湧現時所釋放的情感震動，也無法與這些意象一起工作，案主將會遭到榮格所謂的潛伏型精神病所淹沒。一般來說，分析師和案主工作一段時間之後，才會決定這位案主是否適合採用積極想像這方法。對於某些案主，分析師永遠不會使用積極想像，也許是因為精神病理，也許是因為自我的發展不足或時機不合適，這一切都視案主當時生活的狀態而定。

積極想像的另一條規則，就是不要採用已知的人做為積極想像的角色。換言之，不應該以自己認識的朋友、同事或所愛的人，來進行積極想像，因為這可能會造成不尋常的效應。如果試圖透過當事人不知道的「神奇干預」來影響他們，這會是對積極想像的濫用。透過這種方式來運用積極想像，違反了對

他人道德上的實務工作和行為應有的界限。如果在積極想像的過程中，偶然蹦出一位已知的人物，分析師應該建議他另外找一個人來代替這位類似某人的內在人物代表。例如，Z 先生是一位我向來認為沒有品味的人，是我的某種陰影人物。如果他出現在我的積極想像中，我認出了他，就會試著找一位類似的想像人物，來代表相同的陰影品質。這樣我就可以繼續與他對話了。

積極想像的類型

　　積極想像有許多種模式，可以加以使用。而下列的指引可以說是經典的方式：你在腦海中創造出一個清晰的空間，等待著任何東西的出現，如果它移動，就跟著它走，諸如此類。這是榮格開發出來的積極想像的經典方式。另外還有克莉絲汀·曼恩使用的方式：繪畫。還有一些人會使用黏土做模型或是雕塑。也有動作中的積極想像，也就是由身體來主導的積極想像。這也是一些榮格分析師工作實務上會使用的，一般稱為「真實動作」（authentic movement）。再過來，沙盤遊戲當然也是其中一種，這是世界各地許多治療師採取的方式。這個

136

方式是人們把小物件（miniature）放在沙盤上，創造出一個場景，敘事從中湧現。

進行積極想像的起點

積極想像可以以各種不同的方式開始。譬如，可以從一個夢開始。如果一個夢在醒來時還沒有完成，或者夢裡有一些東西是做夢者想要進一步探索的，或是夢中有一位人物需要進一步的接觸，透過積極想像就可以將夢繼續下去。

積極想像也可以從某一種心情或感覺開始。如果你想拍一部電影來表現這種感覺，會是關於什麼的電影，而你會扮演什麼角色？從一種感覺或一種心情開始，也許在想像中發現自己是獨自一個人在湖邊，有人向你走了過來：你開始與那個人對話。

練習積極想像的一些提示

要開始積極想像，需要有一個起點，第一次的練習時程。人們需要為想像力提供一個安靜而自由的心智空間。正如我所

說的，積極想像並不是白日夢，也不是陷入了從意識中突然爆出來的幻想。積極想像是一項深思熟慮的工作，人們必須為此做好準備。首先是從設置開始，找個沒有外界干擾的空間，空出 30 分鐘來：沒有電話或手機，沒有訊息，沒有任何談話。

祕訣一：就讓它發生！

（德文 Geschehenlassen，中文「無為」）

第一條規則很簡單：就讓它發生吧！在德語中，描述這類的活動方式是用動詞 geschenlassen。當榮格研究中國的煉金術文本《金花的祕密》[12] 並且寫評論時，他發現這在中文裡有個對應詞：無為。這是一種主動的被動狀態：主動是指這是由清醒的主體（自我）所做出的選擇，而被動則是指「什麼都不

12　譯註：《金花的祕密》（*Das Geheimnis der Goldenen Blüte*）是德國傳教士衛禮賢（Richard Wilhelm, 1873-1930）於青島傳教時，在勞乃宣協助下，根據《太乙金華宗旨》而翻譯成德文，榮格為之寫序。這本書是清代時期出現的道教內丹術的著作，全名《先天虛無太乙金華宗旨》，偽託唐末為呂洞賓附身而扶乩而成，約在 1668-1692 年間成書。本書的主旨是：第一，人的「意識活動」分為兩大領域：「元神」及「識神」；第二，「元神」是指不使用後天學習「語言」的原始「意識活動」；第三，「識神」是使用後天學習獲得「語言」符號，進行「意識活動」；「語言」特質有三 （一）具有一定價值觀；（二）有過去、現在、未來的「時間軸」；（三）名可名非常名，語言內容因時地變異；第四，修煉內丹者，主要目標是「回光守中」，就是將意識活動集中在兩眉間和松果體上，讓「元神」恢復主導作用。書名中的「太乙」，是指宇宙原初的清新完美狀態。

做，就是等待」。這是榮格從他自己的靈魂所收到的第一條
指令。她（「我的靈魂」）低聲對他說：「等待。」這是一個
簡單的指令，但執行起來會很痛苦。榮格在《紅書》中這樣寫
道：「我聽到殘酷的言語。折磨是屬於沙漠的。」[13]

一開始你可能要耐心地經歷相當長時間的等待，直到有東
西開始在你的想像中浮現。我們要將自己忙碌的腦袋裡充斥的
想法一一清空，其實不容易。這是一種修煉。虛假的想法不斷
地侵入，如何放手讓這些想法消失，永遠都是個挑戰。針對這
一切，可能的作為是在自己的腦海裡創造出一片空白的屏幕，
在這屏幕上什麼都不想，什麼都看不到，什麼都感覺不到——
這只是空蕩蕩的空間。在某些形式的冥想裡，這樣的狀態就是
最終的目標。然而對積極想像而言，這只是開始，一個必要的
條件。

如果要做到這一點，你的身體要試著完全放鬆，這會有
幫助。在一些冥想的實務操練裡，人們坐在墊子上，雙腿交叉
或折疊。另外也有所謂的步行冥想。這一切最主要的目的就是
讓你意識的心智平靜下來，清空其中所有的顧慮和念頭。如果

13　《紅書》頁 141，中文版頁 126。

日常生活中的情結、擔憂或想法開始侵入時，就放手讓它們離開，清空這個空間。這就是我們在《紅書》的開頭看到榮格所採取的方法。只是簡單而耐心地等待某些東西出現，不勉強，不試圖召喚任何意象。這是最初的練習時程。慢慢地，變化會 139 出現在這個開始積極想像的時刻，然而一切的初始，是從空虛開始的。

　　瑪麗—路易絲‧馮‧法蘭茲博士是榮格傑出的弟子之一，寫了許多關於積極想像的文章，包括一本名為《煉金術式的積極想像》（*Alchemical Active Imagination*）。她曾說過一位案主的故事，她建議他做些積極想像。馮‧法蘭茲給了他一些前述的基本指示。當案主下一週再來找她時，她問道：「你做了練習嗎？」他回答說：「我試過了，但什麼也沒發生。我這裡什麼都沒出現。我什麼都沒看到。」她建議他下一週再試試：「再做做同樣的事情。先清空你的念頭，創造一個空曠的空間，然後開始等待，看看有什麼會出現在你面前。」然而隔週的報告還是一樣。他說他試著做積極想像，找個地方靜靜地坐了半個小時。他等待著，清空腦海的思緒，但什麼也沒來。這情況持續了好幾個星期，而結果總是一樣。他是個非常有耐心的人，所以繼續忠實地嘗試。然後在某一個禮拜，他非常興奮

地走進來，說：「我看到一些東西了！」她問：「你看到了什麼？」他說他像往常一樣，安靜地坐在家裡的窗戶前，突然，他看見窗外有一隻山羊的意象。那隻山羊只是站在那裡，看著遠方。她說：「這太好了。現在開始了。」他告訴她，他不太喜歡山羊，他希望是別的東西。馮・法蘭茲博士說：「就保持你現在所看到的。」

祕訣二：接受出現的一切

這給我們帶來了第二條規則。如果第一條規則是放開一切，並清理出一個空間；那麼第二條規則就是**接受任何到來的東西**。

馮・法蘭茲博士的案主希望看到比山羊更有趣的東西。他住在瑞士的鄉下，山羊在那裡相當普遍，不怎麼有趣。也許他寧可看到一隻老鷹或山獅。但是，他受到指示，要與自己遇到的東西待在一起。這是基本的規則。我們可以想想榮格在《紅書》中的體驗，他描述自己進入山洞以及看到的可怕東西，而這些是他自己無論如何不會邀請來也不會想要的。然而，他必須接受這些由想像提供的一切。我們每個人都有一位內在編輯：對於什麼是高尚的，什麼是卑賤的，什麼是值得的，什麼

是不值得的，決定這一切的態度或判斷。我們必須把那位編輯擺到一旁，單純地接受出現的一切──這個在想像中首先到達並且顯現的東西。

這一條規則使得積極想像與眾不同，完全不像那些有程序引導或意象引導的冥想練習。例如，在有程序引導的冥想裡，你可能是從特定文本裡的特定場景開始思考；而在第二種意象引導的冥想中，你可能先冥想一個特定的人物或神靈。這兩種都有指導方法。積極想像則不是這樣的。你讓自己舒適自在後，清除你腦海的所有雜念，當有東西出現在你的想像空間時，不要評斷它。只是先接收它，接受它，並且和它待在一起。

這就是馮‧法蘭茲給她案主的指示。她說：「你在窗外看到了一隻山羊？先和牠待在一起：牠在做什麼？看著牠。注意，看看會發生什麼。」當案主隔週回來會談時，她問他發生了什麼。案主說，什麼也沒發生，山羊依然停留在前一週的位置上。她再次鼓勵他說：「這樣吧，這星期還是跟牠待在一起，每天都繼續這樣做，觀察牠，與這個意象待在一起，看看會發生什麼。」再下一週他回來時，情況還是一樣：什麼都沒 有發生。這情況持續了好幾個星期。他很有耐心，一直看著窗

外，山羊還在那裡。但除此之外，什麼也沒有發生。

　　忽然某個半夜裡，馮・法蘭茲的電話響了，她拿起聽筒。電話的另一端正是這位案主。「馮・法蘭茲醫生，我快瘋了！妳必須將我送進精神病院。妳必須把我送進精神病院。我快要瘋了。」她在電話裡對他說：「你可以等到明天早上嗎？我會早一點見你。早上七點到我的辦公室來，我們來一次緊急會談。你到時候可以告訴我到底發生了什麼，看看是否需要住院治療。我會將這一切處理好的。但你可以等到早上嗎？」他說他願意等。當第二天早上七點他到達的時候，她讓他進入諮商室。「發生了什麼事？到底怎麼了？告訴我發生了什麼吧。」他說，當他昨天在積極想像時，他像往常一樣向窗外看，看到山羊的頭。突然，山羊移動了頭，直視著他。「我肯定我快要瘋了。我無法控制我的心智。那隻山羊只一逕做牠自己想做的事。」馮・法蘭茲笑著說，這就是積極想像應該出現的情況。「現在你這裡有事情發生了，你可以開始和那隻山羊互動了。積極想像現在開始了。」

祕訣三：如果它動了，就跟著它

　　這裡介紹了積極想像的第三條規則。**如果它動了，就跟**

著它，在想像裡保持著這樣的運動。這不僅帶來了接受的規則——也就是隨遇而安，還帶來了這樣的規則：積極的自我開始與這些想像中的自主人物接觸，而這些人物看起來是有自己的生命和意志。在積極想像的這個階段，重要的是，自我，也就是故事中的「我」，是保持著他平常的態度和感受。主體需要以完全真實的身分進入正在發展中的故事，並表現得好像對話和場景真的發生在他們面前一樣。這就是積極想像和消極幻想的區別。在消極幻想裡，你只是看著正在發生的事情；在積極想像中，你進入情境並參與其中，彷如這是真實的、物理的、戲劇性的事件發生在你的面前，還有你的四周。

　　榮格講過一位患者的故事，這位年輕人向他講述了在兩次會談之間所做的積極想像。這位年輕人說，在他的積極想像裡，他和自己的未婚妻在附近的湖面滑冰。當時他站在湖邊觀看。突然冰面破裂了，她掉進冰冷的水裡，大聲呼救，看起來就要淹死了。榮格驚呼：「天呀！那你做了什麼？」年輕人尷尬地承認他只是被動地站著，像是看電影般看著眼前的這一幕。榮格問：「如果意外真的發生了，你會怎麼做？」他說，如果真的發生了，他會打電話求救，並跳入水中試圖拯救她。榮格說：「嗯，這正是在積極想像中你應該去做的事。盡可能

144

地做原本的自己吧，倘若這個事件發生在環繞你的物質世界時，你會採取的行動。」重點是積極想像中存在著強烈的自我參與（ego-involvement）。這並不是消極的幻想。自我允許故事展開，但同時主體也是在想像裡所上演場景中的演員。

這些是積極想像的基本規則。放開一切，放空你的心智；接受任何到來的事物；如果它動了，就跟著它；然後再與它真誠地互動。如果你遵循這些基本規則，在積極想像的練習中，你肯定會獲得成功。

如果你想嘗試積極想像，請遵循以上這些規則。持續一週，每天空出 20 到 30 分鐘，嘗試開始積極想像。你可以設定一個計時器，在練習積極想像大約 20 分鐘後，在日記裡寫下究竟發生了什麼。第二天，在你前一天結束的地方繼續下去。回到那個場景裡，從那裡繼續開始。如果你定時這樣做持續一個月，你就會開始有一個穩定的內心世界，可以在自己往後的生命裡造訪，接收到積極想像的好處。這聽起來是相當大的承諾；而這確實也取決於你的決心和耐心。你在自己的心靈裡牢牢記住這一點，持續練習這想像力的功能，並且積極運用它。這樣一來，這將為你打開對內在世界的體驗以及與自己無意識的聯繫。

除了遵循這些規則以外，同樣重要的是，不要在積極想像正在發生時就進行詮釋。我們只是讓它自主展開，再記錄下來。之後才去理解意義，但同時不要用你的認知功能去詮釋，這會阻礙進一步的發展。積極想像是意象、故事和感覺的體驗。你會發現，在進行積極想像時，你會變得非常情緒化。這就是為什麼對這個活動施行時間上的限制是明智的，每天 20 或 30 分鐘真的足夠了。不要過度投入，而且要始終有意識地控制你所從事的這項想像力活動。

在嘗試積極想像的過程中，你應該寫下自己所經歷、看到、聽到或感覺到的一切。而且一定要將這一切寫進你的日記，因為你會希望以後能回頭追蹤自己的過程。千萬不要受到誘惑，在你進行想像時詮釋太多。我們要等到這個過程已經非常確定了，再去研究其中的含義。我們只需要和這些象徵及人物待在一起，繼續與他們進行工作。當這系列的過程終於結束時，你就可以嘗試用合適的心理學概念來解釋這一切了。

146

附 錄

參考文獻

亞伯拉莫維奇（Abramovitch, H. 2021），〈什麼時候是該停止的時候？當「足夠好」變成了「足夠壞」〉（"When Is It Time to Stop? When Good Enough Becomes Bad Enough"），刊載於《分析心理學期刊》（*Journal of Analytical Psychology*, 66:4），2021 年九月，頁 907-925。

柯賓（Corbin, H. 1972），〈意象世界，或意象和想像〉（"*Mundus Imaginalis* or The Imaginary and the Imaginal"），收錄於《春泉》雜誌（*Spring*），1972 年春季號，頁 1-33。

艾倫伯格（Ellenberger, H. 1970），《發現無意識：動力精神學的源流》（*The Discovery of the Unconscious: The History and Evolution of Dynamic Psychiatry*. New York: Basic Books）。繁體中文譯本（2003），王浩威策畫，劉絮愷等譯，台北：遠流。

亞考畢（Jacoby, M. 1984），《相遇心理分析：移情和反移情》（*The Analytic Encounter: Transference and Human Relationship*. Toronto: Inner City Books）。簡體中文譯本（2007），劉建軍、申荷永譯，張敏校閱，廣東教育出版社。

亞考畢（Jacoby, M. 1985），《渴望天堂》（*Longing for Paradise*. Boston: Sigo Press）。

榮格（Jung, C.G. 1916/1969），〈超越功能〉（"The Transcendent

Function"），收錄於《榮格全集》（*Collected Works*），卷 8。

榮格（Jung, C.G. 1931/1966），〈現代心理治療的問題〉（"Problems of Modern Psychotherapy"），收錄於《榮格全集》，卷 16。

榮格（Jung, C.G. 1938/1969），〈生命的階段〉（"The Stages of Life"），收錄於《榮格全集》，卷 8。

榮格（Jung, C.G. 1950/1968），〈個體化歷程的研究〉（"A Study in the Process of Individuation"），收錄於《榮格全集》，卷 9i。

榮格（Jung, C.G. 1961），《榮格自傳：回憶，夢，反思》（*Memories, Dreams, Reflections.* New York: Vintage Books）。中文譯本多種。

榮格（Jung, C.G. 1968），〈心理學和煉金術〉（"Psychology and Alchemy"），收錄於《榮格全集》，卷 12。

榮格（Jung, C.G. 1997），道格拉斯（編）《異象：1930-1934 年研討會筆記》（*Visions: Notes of the Seminar Given in 1930-1934.* Claire Douglas ed., Princeton, NJ: Princeton University Press），共兩冊。

榮格（Jung, C.G. 2009），《紅書：讀者版》（*The Red Book: Liber Novus.* New York: W.W. Norton & Co）。繁體中文譯本（2016），魯宓等譯，台北：心靈工坊。

馬怪爾（McGuire, W. 1974），《佛洛伊德／榮格：通信集》（*The Freud/Jung Letters.* Princeton, NJ: Princeton University Press）。

諾伊曼（Neumann, E. 1954），《意識的起源和歷史》（*The Origins and History of Consciousness.* Princeton, NJ: Princeton University Press）。簡體中文譯本（2021），楊惠譯，北京：世界圖書出版公司。

惠萊特（Wheelwright, J. 1982），〈終止〉（"Termination"），收錄

於史丹（編）《榮格學派分析》（*Jungian Analysis*. M. Stein ed., Chicago: Open Court）。

PsychoAlchemy 034

榮格心理分析的四大基石
個體化、分析關係、夢和積極想像
Four Pillars of Jungian Psychoanalysis
莫瑞・史丹（Murray Stein）——著
王浩威——譯

出版者—心靈工坊文化事業股份有限公司
發行人—王浩威　總編輯—徐嘉俊
責任編輯—裘佳慧　特約編輯—林婉華
內文排版—龍虎電腦排版股份有限公司
通訊地址—106 台北市信義路四段 53 巷 8 號 2 樓
郵政劃撥—19546215　戶名—心靈工坊文化事業股份有限公司
電話—02）2702-9186　傳真—02）2702-9286
Email—service@psygarden.com.tw　網址—www.psygarden.com.tw

製版・印刷—彩峰造藝印像股份有限公司
總經銷—大和書報圖書股份有限公司
電話—02）8990-2588　傳真—02）2290-1658
通訊地址—242 新北市新莊區五工五路 2 號（五股工業區）
初版一刷—2022 年 9 月　初版二刷—2024 年 1 月
ISBN—978-986-357-249-7　定價—330 元

國家圖書館出版品預行編目資料

榮格心理分析的四大基石：個體化、分析關係、夢和積極想像 / 莫瑞・史丹 (Murray
Stein) 著；王浩威譯 . -- 初版 . -- 臺北市：心靈工坊文化事業股份有限公司 , 2022.09
面；　公分 . --（PA；34）
譯自：Four Pillars of Jungian Psychoanalysis
ISBN 978-986-357-249-7(平裝)

1.CST: 榮格（Jung, C. G. (Carl Gustav), 1875-1961）　2.CST: 學術思想
3.CST: 精神分析學

170.189　　　　　　　　　　　　　　　　　　　　　　　　111014034

書系編號─PsychoAlchemy 034　　　書名─榮格心理分析的四大基石

姓名　　　　　　　　　　　　　　是否已加入書香家族？ □是 □現在加入

電話 (O)　　　　　　　(H)　　　　　　手機

E-mail　　　　　　生日　　年　　　月　　　日

地址 □□□

服務機構　　　　　　　　職稱

您的性別─□1.女 □2.男 □3.其他

婚姻狀況─□1.未婚 □2.已婚 □3.離婚 □4.不婚 □5.同志 □6.喪偶 □7.分居

請問您如何得知這本書？
□1.書店 □2.報章雜誌 □3.廣播電視 □4.親友推介 □5.心靈工坊書訊
□6.廣告DM □7.心靈工坊網站 □8.其他網路媒體 □9.其他

您購買本書的方式？
□1.書店 □2.劃撥郵購 □3.團體訂購 □4.網路訂購 □5.其他

您對本書的意見？
□ 封面設計　1.須再改進 2.尚可 3.滿意 4.非常滿意
□ 版面編排　1.須再改進 2.尚可 3.滿意 4.非常滿意
□ 內容　　　1.須再改進 2.尚可 3.滿意 4.非常滿意
□ 文筆／翻譯 1.須再改進 2.尚可 3.滿意 4.非常滿意
□ 價格　　　1.須再改進 2.尚可 3.滿意 4.非常滿意

您對我們有何建議？

心靈工坊
|PsyGarden|

10684台北市信義路四段53巷8號2樓
讀者服務組　收

免　　貼　　郵　　票

（對折線）

加入心靈工坊書香家族會員
共享知識的盛宴，成長的喜悅

請寄回這張回函卡（免貼郵票），
您就成爲心靈工坊的書香家族會員，您將可以──

⊙隨時收到新書出版和活動訊息

⊙獲得各項回饋和優惠方案